KB254153

3개
의
보물

평범한 사람들을 위한
평생 수입 자동관리 시스템

3개의 보물

정성진 지음

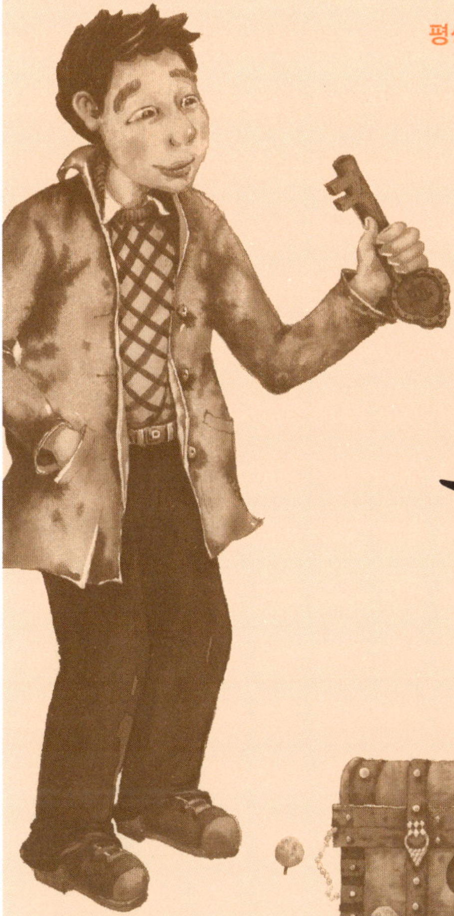

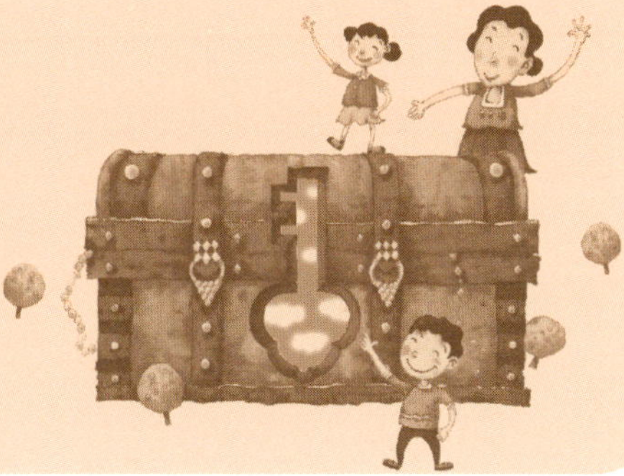

굿앤웰스

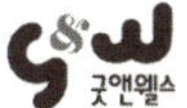

평범한 당신도
돈으로부터 해방된 삶을 살 수 있다!

당신이 지금 돈 때문에 불행하다고 느낀다면, 오늘 당장 이 책을 읽고 '3개의 보물'을 마련하기 바란다. 이 책에서 알려주는 방법을 꾸준히 실행한다면, 더는 돈 때문에 불행하다고 느끼지 않을 것이다.

필자와 친하게 지내는 분 중 은퇴한 교수님이 한 분 있다. 서대문구의 40평대 아파트에 사시는 66세 교수님은 사학연금, 개인연금에서 매달 400만 원 이상 받는다. 매주 한 번 골프를 즐기며 주말이면 성당에서 미사를 드리고, 주중에 한두 번 독거노인을 위한 봉사활동에 참여한다. 늦은 나이에도 색소폰에 심취해 계시며 부부간의 금실은 얼마나 좋은지 모른다.

반면 아버지 친구 분 중에는 명문 사립대를 졸업하고 은행지점장도 오래 하셨지만, 지금은 월 30만 원짜리 고시원에서 외로운 삶을 사시는 분도 있다.

필자와 친한 은퇴 교수님과 아버지 친구 분은 왜 이렇게 다른 인생을 살게 되었을까? 그 원인은 '평소에 돈 관리를 얼마나 체계적으로 잘 했는지'에 달려 있다.

그동안의 총 수입만 따진다면 은행지점장으로 계셨던 아버지 친구 분이 더 많은 돈을 벌었을 것이다. 하지만 그분은 여유로운 삶을 즐기며 수입의 대부분을 써버렸고, 은퇴한 교수님은 6·25 전쟁 때 월남한 이후로, 돈의 소중함을 온몸으로 깨닫고, 젊어서부터 저축하는 습관이 몸에 배어 있었다. 힘들게 모은 목돈을 기반으로 하여 본인만의 원칙 있는 투자도 했다.

여러분은 지금 어떤 삶을 살고 있는가? 혹시 월급을 받고 나서 일주일도 채 지나지 않아 카드값과 생활비로 다 빠져나가고, 다음 달 월급을 기다리고 있진 않은가?

필자는 금융기관의 재무설계사, PB, 일반인과 여러 기업을 대상으로 돈 관리, 노후준비, 절세전략, 투자와 관련해 200회가 넘는 강연을 해왔다. 그 과정에서 놀란 것 중 하나는 의외로 많은 사람들이 구체적인 목표와 계획 없이 되는 대로 돈을 관리하고 있다는 것이다. 그 결과 그들은 늘 돈 때문에 허덕이고 있었다.

이 책은 평범한 사람들이 돈으로부터 해방될 수 있는 삶을 살려면 매달 얼마의 돈을 모아야 하며, 그 돈을 '3개의 보물'인 보장자산, 은퇴자산, 투자자산 마련을 위해 어떻게 운용해야 하는지에 대한 구체적인 정보와 실천 솔루션을 제공한다. 책 속의 이야기는 모두 실화이기 때문에 현실적으로 더욱 공감할 수 있다. 특히 부록의 세대별 상담사례와 목적별 돈 관리 시스템은 이 책을 통해 알게 된 방법을 각자의 삶에 맞춰 실행하는 데 매우 유용하다.

'3개의 보물'을 마련해야 하는 진짜 목적, '행복'에 대해서도 언급하였다. 우리가 '돈'을 버는 목적은 '행복'하기 위함이지, '돈' 자체가 인생의 목표가 되고, 꿈이 될 순 없기 때문이다.

대학 졸업 후 공인회계사로 근무하던 8년 동안 나 또한 돈에 허덕이는 삶을 살았다. 맞벌이를 하며 상당한 수입이 있었지만, 돈을 관리하는 것보다는 '어떻게 하면 투자를 잘해 큰돈을 벌 수 있을까'에 대해서만 관심이 있었던 탓이다. 하지만 이러한 태도는 은행 PB센터의 PB팀장으로 근무하면서 완전히 바뀌기 시작했다. 자수성가한 부자들의 자산관리를 맡으며, 자연스럽게 돈 관리 노하우를 알았기 때문이다. 그들은 계획을 세워 합리적인 소비를 했으며, 효과적인 저축과 투자를 실행하고 있었다.

이 책을 읽는 모든 사람들이 기억했으면 한다. 버는 것도 중요하지만 그보다 더 중요한 것은 각자의 상황에 꼭 맞는 '돈 관리'라는 것을. 부디, 여러분 모두 이 책에서 알려준 방법을 통해 10년 뒤에는 돈으로부터 진정 해방된 삶을 누리기를 간절히 기도한다.

2010년 4월

정성진

나의 은퇴준비 실천지수는?

당신의 은퇴준비 실천지수를 테스트하세요.

은퇴라는 재앙이 몰려온다! 나는 얼마나 은퇴준비를 잘하고 있는지 알아보자.
Yes(1점) 혹은 No(0점)로 대답한 후, 점수를 합산하여 은퇴준비 실천지수를 확인하라.

1 지금 내가 큰 사고나 중병으로 병원에 입원하면 가입한 보험에서 치료비의 상당
금액이 지급된다.

○ Yes   ○ No

2 지금 내가 사고로 사망하면 내 연봉의 3배 이상이 생명보험 등에서 지급된다.

○ Yes   ○ No

3 은퇴 후 월 생활비가 얼마나 드는지 계산해본 적이 있거나 정확히 알고 있다.

○ Yes   ○ No

4 은퇴 후를 위해 매달 월급의 15~20% 이상을 개인연금에 불입하고 있다.

○ Yes   ○ No

5 국민연금에 불입하고 있는 금액은 은퇴 후 나의 노후 중 일부를 책임질 자산이라
고 생각한다.

○ Yes   ○ No

6 퇴직연금에 대해 알고 있으며 퇴직금을 수령하면 노후를 위해 적립할 것이다.

○ Yes   ○ No

7 소득의 25~30% 이상을 저축하고 있다.

○ Yes   ○ No

8 합리적이고 객관적인 투자원칙으로 이미 투자를 실행하고 있다.

○ Yes   ○ No

9 주택담보대출의 경우, 원리금 상환액은 소득의 25~30% 미만으로 하고 있거나
할 계획이다.

○ Yes   ○ No

10 나는 은퇴 후를 위해 돈 이외에도 정신적 행복을 위한 준비를 하고 있다.

○ Yes   ○ No

나의 은퇴준비 실천지수는?

(0~3점)

이대로 노후를 맞다가는 정말 큰일 날 수 있습니다. 이제부터라도 이 책에서 알려주는 방법을 하나씩 차근히 실천하시기 바랍니다.

(4~6점)

노후준비가 시작되기는 했지만 부족한 상황입니다. 이 책을 통해 좀 더 치열한 마인드로 노후준비를 실천하시기 바랍니다.

(7점 이상)

축하합니다! 이미 어느 정도 안정된 노후준비를 실행하고 계십니다. 이 책을 통해 한층 더 완벽한 노후준비 솔루션을 찾아 돈으로부터 해방된 삶을 사시기를 기원드립니다.

Contents

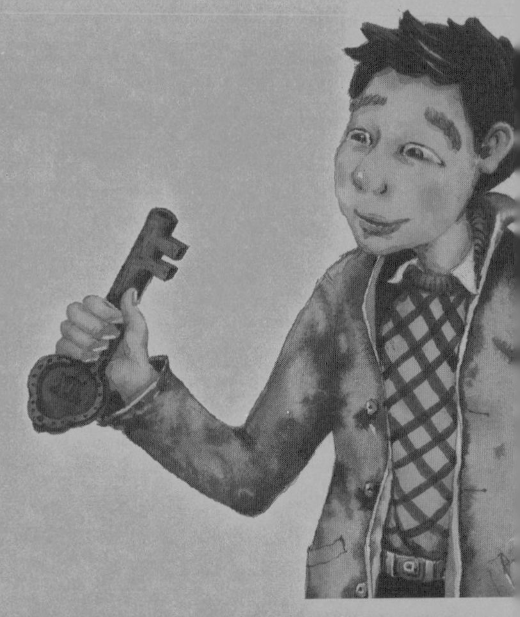

첫 번째 보물,

갑작스러운 사고에 대비하라!

지금 내가 죽으면, 우리 가족은 어떻게 될까?

나의 보장성보험 준비정도는?

   -사망 대비 보험

   -사고 · 질병 대비 보험

사고 대비 How-To

지금 내가 죽으면, 우리 가족은 어떻게 될까?

오전 10시.

수업을 위해 부지런히 학교로 향하는데 휴대폰으로 문자 한 통이 들어왔다.

85회. 김두성 별세

장례식장: 일산백병원

발인: 일요일 오전 9시

'김두성 별세?'

두성이는 고등학교 동창이다. 문자를 잘못 본 줄 알고 몇 번이나 다시 확인했다. 혹시 두성이 부모님이나 장인, 장모가 돌아가신 걸 잘못 보낸 건 아닌가 싶었다.

다시 봐도 문자는 두성이가 사망했다는 내용이었다. 두성이와 친한 친구, 준성이에게 전화했다.

"준성아, 나 성진이야. 잘 있었냐? 좀 전에 두성이가 사망했다는 문자를 받았는데 이 문자 잘못 온 거 아니야?"

"두성이가 어젯밤에 죽었어. 8개월 전에 폐암 판정 받았는데 결국 이렇게 됐다. 오늘 저녁에 다들 온다고 하는 것 같던데 성진이 넌 언제 올 거니?"

"다른 애들이랑 통화해 볼게. 나도 오늘 저녁에 가는 게 좋을 것 같다. 이따 보자, 준성아."

여러 가지 생각이 머릿속에 교차했다. 유난히도 착해서 친구들도 많았고, 느지막이 철들어 공무원 공부한다며, 다니던 직장도 그만두고 2년 가까이 고생해서 공무원 시험도 합격했는데……. 그런 두성이가 죽다니, 안타깝기만 했다.

친구들과 통화하고, 저녁 8시에 장례식장에서 만나기로 했다. 내일 수업준비를 마치고 연구실을 나서며 시계를 보니 7시였다. 퇴근 시간이라 차가 좀 막히기는 했지만 늦지 않게 장례식장에 도착할 수 있었다.

빈소를 찾아 영정 앞에 서니 환하게 웃고 있는 두성이의 사진이 나를 맞아 주었다. 두성이의 웃는 얼굴을 바라보고 있자니 고등학교 때 함께 지냈던 시간들이 떠오르며 가슴 한쪽이 저려왔다.

영정에 분향을 마친 후 상주인 두성이 아내에게 절을 했다. 창백한 얼굴로 아무 말 없는 두성이 아내를 보니 정말 가슴이 아팠다. 다른 친구들보다 훨씬 늦은 나이, 서른다섯에 여섯 살이나 어린 신부를 맞는다고 입이 찢어져라 좋아했던 두성이가 아니었던가.

조문 후 건너편에 마련된 방으로 들어서자 많은 조문객들이 음식을 먹으며 이야기를 나누고 있었다. 안쪽에 준성이와 고등학교 동기들이 먼저 자리를 잡고 있었다.

"성진이 왔구나!"

반갑게 맞아주는 친구들 사이에서 정현이 얼굴도 보였다. 준성이, 인석이, 현수, 민수는 지난번 동창회에서 만났었다. 정현이는 고등학교 졸업하고 18년 만에 처음 만나는 것이다.

친구들과 인사를 나누고 자리에 앉자 준성이가 두성이의 폐암에 대해서 이야기하기 시작했다.

"너희들도 알다시피 두성이가 일찍 담배를 피우기 시작했잖아. 옆에서 보니까 하루에 두 갑 가까이 피웠던 것 같아. 중간에 몇 번 직장을 옮기면서 그 이상 피운 날도 많았고. 2년 전인가 두성이가 공무원 공부할 때 노량진에 찾아가서 만난 적이 있었는데, 기침, 가래가 많이 나온다고 하더라고. 나중에 전화통화해 보니까 괜찮아졌다고 해서 나도 잊고 살았지."

준성이는 그때 조금 더 챙겨주지 못해 안타까운 마음이 드는지 가라앉은 목소리로 말했다.

“얼마 있다가 공무원시험에 붙고 작년에는 결혼도 했잖아. 올해 들어서 가슴이 아프고 어지럽기도 하면서 숨쉬기가 좀 어렵다고 하더라고. 대학병원에 가서 정밀검사를 했더니 폐암 말기라는 판정을 받은 거야. 의사 말로는 6개월을 넘기기 힘들다고 했는데 정말 8개월 만에 세상을 떠나네!”

“폐암의 초기증상이 기침, 가래와 약한 호흡곤란이야. 가끔씩 피가 섞인 가래가 나오기도 해. 좀 더 진행되면 호흡곤란이 심해지면서 가슴이 아파오고, 목소리가 쉬면서 체중도 감소해. 구역질이 나고 구토 증세를 보이기도 하고. 기침, 피 섞인 가래가 보이는 초기에는 수술이 가능하지만 나머지 증상이 나타나면 이미 수술시기를 넘겼다고 봐야 해. 초기에는 그다지 심각한 증상이 나타나지 않다 보니 다른 암보다 사망률이 높아.”

“정현아. 넌 어떻게 그렇게 폐암에 대해서 잘 아니? 대학갈 때 행정학과 가지 않았어?”

폐암에 대해 줄줄 꾀고 있는 정현이가 신기한 듯 현수가 물었다.

“응, 몇 년 전부터 보험회사 FP로 근무하고 있거든. 관리하던 고객 중에 폐암으로 사망한 고객이 있어서 그때 자세히 공부 좀 했어.”

“그런데 왜 우리한테 연락 안 했어? 얼마 전에 나 종신보험 가입했는데 네가 보험회사 다니는 줄 알았으면 너한테 들 걸 그랬잖아?”

영어학원을 운영하고 있는 인석이가 말했다.

“이 업계에서 성공하려면 모르는 사람들을 상대로 영업을 해야 할 것 같아서, 이젠 웬만하면 아는 사람한테는 영업하러 가지 않아. 그래도 이제 자리 잡아서 할 만해. 두성이는 암보험에 가입했었는지 모르겠다?”

“다행히 암보험을 하나 들었었나 봐. 그동안 들어간 치료비 대부분을 그 보험으로 해결한 것 같아. 생명보험 하나만 더 들어놨으면 얼마나 좋았겠어? 조문하면서 제수씨 봤지? 아직 서른도 안 됐을 거야. 그 나이에 이제 갓 돌 지난 애 키우고 살아야 할 텐데 참 답답하다.”

안타까워하는 준성이의 말에 민수가 정현이에게 물었다.

“정현아, 폐암은 왜 걸리는 거야? 얼마 전에 우리 회사 여직원도 폐암에 걸렸어. 그 여직원은 담배도 안 피웠거든?”

“남자 폐암환자의 90%, 여자 폐암환자의 80% 이상에서 흡연과 관련된 증거가 발견된다고 해. 그 외에도 공해, 간접흡연, 석면 같은 악성물질, 유전적 요인에 의해서도 폐암에 걸리나 봐. 문제는 증상이 나타나기 시작하면 이미 수술시기를 놓치기 때문에 매년 정기검진을 받고 가능하면 담배를 끊는 게 좋아.”

대학 때부터 골초였던 인석이가 익살을 떨며 말했다.

“야~ 연초만 되면 나도 늘 금연작전에 돌입하는데 한 달을 버티기가 힘들다. 가끔씩 우리 학원 강사들이 속 썩이거나 열 받는 일이 생기면 담배가 어찌나 당기는지 몰라. 폐암은 수술로 완치될 수 없는 거야? 요즘엔 암도 완치율이 상당히 높아졌다면서?”

“폐암 1기의 경우 수술을 받으면 5년 정도 생존할 확률이 60~70%

정도 된다고 해. 2기로 넘어가면 그 확률이 50%로 떨어지고, 3기로 넘어가면 10% 안팎으로 떨어지는 데다가 다른 장기로 전이가 심해져 수술자체가 힘들대. 폐암은 1기에 발견하고 다른 장기에 전이가 심하지 않아야 살 수 있다는 거야.”

사람들은 일상생활을 할 때 40% 정도의 폐 기능만 사용하는데 수십 년을 지내다 보면 쓰지 않는 폐는 점점 기능을 잃는다고 한다. 그래서 매주 2~3회 정도 약간 땀이 나고 숨이 찰 정도의 운동을 하는 것이 폐 기능 손상 예방에 좋다.

친구들과 이런저런 이야기를 나누다 보니 벌써 9시였다. 화장실에 가기 위해 밖으로 나서며 빈소를 지나는데 제수씨 옆에 갓 돌이 지난 아이가 앉아 있었다. 두성이 아들이었다.

‘해맑게 웃고 있는 두성이 아들은 아빠가 하늘나라로 간 것을 알고 있을까? 아마 모르겠지?’

혼자 부질없는 질문을 하며 화장실에 들렀다가 밖으로 나가자 몇몇 친구들이 담배를 피우고 있었다.

“성진아, 집이 강남쪽이라면서? 우리집이 잠실인데 갈 때 삼성역에 좀 내려줄래? 오랜만에 친구들 만나서 술 한잔하려고 차를 안 가져왔거든. 넌 운전하려고 술 안 마신거야?”

“원래 술을 잘 안 즐겨. 정현이 넌 언제 갈거니? 난 좀 있다 갈 건데…….”

“나도 곧 가야지. 지금 9시 좀 넘었으니까 9시 반쯤 출발하자.”

빈소에 들러 두성이 어머니께 인사를 드리고, 다른 친구들과도 간단히 인사를 마치고 정현이와 먼저 출발했다. 차 안에서 정현이가 어떻게 보험회사 FP가 되었는지 자세히 들을 수 있었다.

정현이는 행정학과를 졸업하고 한국건설 인사부서에 입사했다. 6년쯤 열심히 근무하고 과장으로 진급하던 즈음 아버님이 갑자기 위암 말기 판정을 받으셨고, 수술 후 어느 정도 회복이 되는 듯했지만 암이 재발해 투병 3년여 만에 돌아가셨다고 했다.

수술비, 항암치료비, 입원비와 일주일에 3~4번 오는 간병인 비용으로 나가는 돈이 정말 눈덩이처럼 불어나는 느낌이었다고 한다. 정현이는 가입된 보험이 없었다면 집을 팔아야 했을지도 모른다며 그때의 기억을 떠올렸다.

다행히 아버님이 가입했던 암보험과 건강보험에서 수술비와 치료비 대부분을 지원받을 수 있었다. 생명보험에서는 2억 원의 보험금까지 지급받았다.

그 과정에서 정현이는 보험의 중요성을 새삼 깨닫게 되었다. 아버지를 담당했던 FP의 권유로 다니던 회사를 그만두고 현재의 FP로 자리를 옮기게 된 것이다. 평소 사람 만나기를 좋아하고 활동적이었던 정현이에게는 건설회사 인사과장보다는 FP가 더 잘 어울린다는 생각이 들었다.

저 멀리 삼성역이 보였다. 정현이를 내려주고 집으로 향하는데 아까 장례식장에서 봤던 두성이의 어린 아들이 눈앞에 아른거렸다.

'지금 내가 죽으면 우리 가족은 어떻게 될까?'

이런 상상을 하자 갑자기 온몸에 전율이 쫘~악 느껴지면서 가슴이 뭉클해지기 시작했다. 지금 내가 죽는다면 열 살 된 딸과 이제 네 살 된 아들, 아내는 어떻게 될까?

'그래, 아무 사고 없이 아이들 대학 졸업하고 결혼할 때까지 뒷바라지를 할 수 있다면 정말 감사한 일이지만, 그러려면 앞으로 25년은 더 있어야 하잖아.'

집으로 돌아오자마자 책꽂이에 꽂혀 있는 보험계약서철을 열어보았다. '건강생활보험, 암보험, 교통상해보험, 종신보험' 이렇게 4개의 보험에 가입되어 있었고, 가입 당시 받았던 설계서에 간단한 보장내역이 기재되어 있었다.

결혼할 당시 가입한 보험이라 그런지 얼핏 봐도 보장내역이 적은 것 같았다. 이 정도 보장으로는 지금 내가 죽는다면 아내와 아이들이 충분한 생활을 할 수 있을지 걱정스러웠다. 보험서류를 챙겨 책꽂이에 다시 두고 마루로 나가 아들과 블록놀이를 하던 아내에게 이야기를 꺼냈다.

"여보, 좀 전에 장례식에 다녀왔잖아. 고등학교 친구가 폐암으로 죽었어."

"아니 어쩌다가 폐암에 걸렸대요? 당신 친구면 이제 막 마흔이 넘은 거잖아요?"

"그러게 말이야. 살다 보니 그런 일도 있네. 그래서 좀 전에 내가 가입한 보험증서 봤는데 보장내역이 좀 적은 것 같아. 가입할 때만 해도 우리가 신혼시절이었지만 이제는 내 연봉도 많이 올랐고 애들도 생겼잖아. 보험을 한 번 정비할 때가 된 것 같아."

"당신 말을 듣고 보니 다시 한 번 따져 볼 필요가 있는 것 같네요. 당신 관리하는 FP한테 연락해서 언제 한번 오라고 할까요?"

"내가 연락할게. 오늘 장례식장에 가보니까 고등학교 동창이 보험회사 FP로 일하고 있더라고. 그 친구한테도 자세히 컨설팅 한번 받아볼게."

"그러세요. 그럼."

나의 보장성보험 준비는 어느 정도인가

마지막 오후 수업을 마치고 연구실에 돌아와 어제 정현이에게 받은 명함을 보고 문자를 보냈다.

정현아! 시간될 때 전화 부탁한다.

보험 때문에 궁금한 게 있어서. -성진

문자를 보내자마자 휴대폰 벨이 울렸다.

"정현아. 다른 게 아니라, 어제 집에 가서 내가 가입한 보험내역을 좀 살펴봤는데 아무래도 보장금액이 좀 적은 것 같아서 너한테 컨설팅 좀 받으려고 해. 명함 보니까 사무실이 삼성역 근처네?"

"맞아. 성진아. 집이 대치동이라고 했지? 그럼 너 일찍 퇴근하는

날 한 번 보면 되겠네. 올 때 가입한 보험증권이랑 약관 가져오는 것
잊지 말고."

"이번 주 목요일이 퇴근이 빠른데 그날 오후 5시쯤 괜찮겠니?"

"그래? 잠깐만 수첩 좀 보고……."

잠시 뒤 정현이의 목소리가 휴대폰을 통해 들려왔다.

"괜찮네. 그럼 목요일 5시에 우리 사무실로 와라. 그때 보자."

건물 14층에 도착하자 직원이 회의실로 나를 안내했다. 잠시 후
정현이가 나타났다.

"성진아. 사무실 찾는데 힘들지 않았니? 가끔씩 여기 찾기 어렵다
는 고객이 계시더라고."

"아니, 여기야 뭐, 내가 사는 동네니까 쉽게 찾았어. 나 때문에 다
른 고객 만나는 시간 뺏는 거 아닌가 모르겠다."

"괜찮아. 마침 시간이 비어 있었어. 가져온 보험증권 좀 보여줄래?"

보험증권을 살펴본 정현이가 물었다.

"모두 같은 보험회사네? 여기 증권 밑에 찍혀 있는 FP 분 혹시 잘
아는 분이니?"

"응. 친척 분이셔. 집사람 사촌언니가 보험회사에 다녔거든. 지금
은 다른 일하시고……. 왜 가입에 무슨 문제라도 있니?"

"아니, 비교적 설계가 잘 되어 있어서. 보장금액도 가입 당시 네 상황을 잘 고려했고, 납입하는 보험료도 저렴하고."

정현이는 보험별로 자세한 설명을 해주었다.

사망 대비 보험

"교통상해보험을 보면 비행기, 선박, 열차에 의한 교통사고 사망 시 보험금이 평일 2억 원, 휴일 3억 원이네. 차량 탑승 중 교통사고로 사망하거나 뺑소니, 무보험 차량에 의한 사망 시에는 평일 1억 5,000만 원, 휴일 2억 3,000만 원이고. 이 정도 돈을 10년 납입하고 20년 보장받는 조건이면 괜찮아. 교통사고 사망 이외에도 일반재해 사망 시 3,000만 원, 교통사고로 1, 2급 장해 판정 시 월 300만 원씩 총 4억 원을 지급하잖아. 만기에 살아 있으면 불입한 보험료의 85%를 돌려주는 구조이고. 아, 상해로 입원하면 하루에 2만 원씩 입원비도 주네. 이 정도면 잘 가입한 거야. 워낙 옛날에 가입해서 가입 조건이 좋은 것 같아. 그럼 종신보험 좀 볼까?"

그때는 제대로 알지도 못하는 상태에서 FP의 말만 믿고 대충 보험을 가입했는데, 대체적으로 설계가 잘 되어 있어서 다행이란 생각이 들었다.

"사망 또는 1급 장해 시 2억 원, 2~6급 장해 시 1억 5,000만 원을 지급하네. 특약사항을 보니까 사망 또는 1급 장해 판정 시 매달 100

만 원씩 70세까지 지급하되 그 전에 사망하면 60회는 최저지급보증
해. 수술을 받으면 수술비도 약간 지급하고. 이것도 이 정도 보험료
면 정말 가입 잘한 거야. 지금은 이 정도 조건이면 월 보험료가 네가
불입하는 보험료의 두 배 가까이 될 거야. 교통상해보험과 종신보
험은 네가 사망하거나 1급 장해를 받을 경우 남아 있는 가족을 위한
보험이라고 생각하면 돼.”

보험은 언제 일어날지 모르는 일에 대비해 나와 내 가족들을 위해
꼭 필요한 상품이란 생각과 함께, 이번 기회에 꼼꼼하게 체크해서
확실히 준비해야겠단 생각이 들었다.

“이 정도 보장금액이면 충분한 거야? 왠지 좀 부족하다는 생각이
들어서 말이야.”

“충분한지는 스스로 판단해야지. 보장금액을 늘리면 좋지만 그만
큼 월 보험료가 늘어나니까. 교통상해보험이나 종신보험은 네가 사
고로 죽을 걸 대비해서 드는 보험이야. 만약 죽지 않는다면 교통상
해보험은 납입한 보험료의 85%를 20년 뒤에 돌려준다지만 사실 20
년 뒤 환급받는 금액은 현재가치를 고려하면 아주 적은 금액이야.
종신보험도 네가 70~90세에 사망한다면 그때 받는 보험금의 현재
가치는 얼마 안 되고.”

보장성 보험은 ‘보장받는 것’ 자체에 가치를 두고 선택해야 한다
는 말이었다.

“보장성보험은 사망 시 자기 연봉의 4배 안팎을 보험금으로 받을

수 있으면 적정한 설계라고 말하거든. 네 연봉이 얼마인지는 모르겠지만 1억 원이라고 가정하면 사망 시 보험금이 3억 5,000만 원이니까 크게 부족한 건 아닌 것 같은데?”

사망보험금 3억 5,000만 원이면 그리 작은 금액은 아닌 것처럼 보였지만 보장금액을 1억 원 정도만 더 늘렸으면 좋겠다는 생각이 들었다. 교통상해보험은 50세까지만 보장을 해주기 때문에 그 이후에 사망하면 사망보험금이 종신보험에서 지급하는 2억 원밖에 없지 않은가? 신혼 때 가입한 보험들이라 앞으로 연봉이 많이 오르고 생활비 규모도 커질 것을 고려하지 않고 설계를 한 것이 못내 아쉬웠다.

“성진아. 보험상품은 확률에 근거해서 만들어져. 네가 가입한 종신보험하고 교통상해보험의 보장금액은 큰 차이가 없는데 종신보험 보험료가 4배 정도 비싸잖아. 종신보험은 사망의 원인을 따지지 않고 보험금을 지급하는 대신, 교통상해보험은 교통사고가 사망의 원인일 때 보험금을 지급하기 때문이야. 교통사고로 사망할 확률이 일반사망보다 훨씬 가능성이 낮다는 거지.”

신혼 초 보험을 가입할 때 아내가 왜 몇날며칠 인터넷을 뒤져가며 고민했는지 이해할 수 있었다.

“똑같이 1억 원을 보장하는 보험이라도 내용은 다 달라. 종신보험은 종신토록 보장을 해주지만 교통상해보험은 20년간, 그러니까 네가 50세까지만 보장을 해주잖아. 통계를 보면 사람들은 보통 교통사고나 질병으로 사망해. 네가 가입한 보험은 이 두 가지 위험을 적절히 분산해서 보장해 주는 셈이야."

"정현아, 1억 원 정도 보장금액을 늘리고 싶어. 50세가 지나면 교통상해보험은 만기가 끝나잖아. 55세까지는 근무해야 사학연금 수령대상자가 돼서 최소한 55세까지는 보장금액이 좀 있어야 하거든. 그럴 만한 상품 없을까?"

"종신보험이 있으니까 정기보험을 추가하면 좋겠다. 60세까지 보장받는 걸로 하면 보험료도 그렇게 비싸지 않을 거야."

"정기보험이면 기간을 정해놓고 보장받는 생명보험이지?"

"맞아. 종신보험은 평생을 보장기간으로 하고 노후에 연금으로 전환해서 쓸 수 있는 반면, 정기보험은 60세, 70세같이 정해진 기간만 보장해줘. 보험료도 종신보험보다 3배 이상 저렴해. 다음에 만날 때 보장금액 1~2억 원 정도로 해서 정기보험 설계서 보여줄게."

사고 · 질병 대비 보험

"나머지 2개 보험을 좀 볼까? 하나는 건강생활보험이네. 10년 동안 불입하고 50년 동안 보장받네. 50년이면 80세까지구나. 암, 뇌졸중, 급성심근경색증. 이렇게 3대 질환 진단 시 2,000만 원, 입원 1일당 3만 원이 지급되네. 재해로 1급 장해를 판정받으면 2,000만 원도 지급되고."

정현이가 마지막으로 하나 남은 보험을 살펴봤다.

"이건 암보험이네. 이것도 10년 동안 불입하고 50년 동안 보장받네. 암진단 받으면 3,000만 원, 고액암이면 5,000만 원이 지급되고, 수술비는 1회당 1,000만 원, 입원 1일당 4만 원이 지급되네. 암으로 사망하거나 재해 1급 판정 시 3,000만 원이 추가로 지급되고. 위, 폐, 간암의 경우에는 추가로 2,000만 원이 지급된다."

내가 가입한 보험을 모두 살펴본 정현이는 안심이 되는 듯했다.

"이 정도면 웬만한 암에 걸려도 수술비랑 치료비 감당하고도 남겠다. 이렇게 저렴한 보험료로 이 정도 보장받는 거면 정말 가입 잘한 거야. 보험에 가입한 게 벌써 10년 전이잖아. 그때만 해도 암 발생률이 그렇게 높지 않았는데 최근 몇 년 동안 우리나라도 암 발생률이 엄청 높아졌어. 어떤 보험회사는 이제 더 이상 암보험을 팔지 않아. 암보험을 파는 회사도 보험료가 많이 올랐고. 아무튼 질병 관련 보험은 이 정도면 잘 가입했다."

10년 전에 이 상품들을 설계해준 FP 분이 고맙기도 하고 나 역시도 안심이 되었다.

"성진아. 질병의 추세도 변해. 요즘은 노인층에서 치매 같은 순환기 관련 질병에 걸리는 환자들이 늘어나고 있어. 그래서 치매를 대비한 보험도 꼭 필요해. 보험사마다 좀 차이는 있지만 월 3~5만 원 정도 보험료면 간병비로 매달 100만 원씩 5년 정도 지급받을 수 있으니까 나이 들어 치매 간병비로 요긴하게 쓸 수 있을거야. 사망하면 장례비도 1,000~2,000만 원 지급되고. 자세한 설계서는 다음에

만날 때 보여줄게."

"알았어. 그런데 대략 자기 월급의 몇 %를 보장성보험 보험료로 지출하는 게 적당한 거야?"

"보통 자기 월급의 5~7% 정도를 보장성 보험료로 불입하는 게 적당해. 네 월급이 500만 원이라면 25(500만 원×5%)~35만 원(500만 원×7%) 정도 금액이 나오네. 그런데 성진아. 실손의료보험에는 가입하지 않았나 보네?"

"실손의료보험? 들어본 적은 있는데, 정확히 뭔지는 모르겠어."

"실손의료보험은 보험계약 당시 약정한도 내에서 아프거나 다쳐서 병원에서 치료를 받을 경우, 실제 발생한 환자부담액을 그대로 보상받는 보험이야."

보장내역이 꽤 매력적으로 들렸다. 매년 1월에 연말정산을 위해 의료비 지출내역을 뽑아 보면 그 금액이 만만치 않았기 때문이다.

"현재 국민건강보험에서 의료비용의 2/3 정도를 부담하고 환자가 1/3 정도 부담하잖아. 실손의료보험은 환자가 부담하는 1/3을 보험회사가 책임지는 민간의료보험이라고 생각하면 돼."

"그럼 실손의료보험은 모든 질병이나 사고를 보장해줘?"

"보험사마다 차이가 있는데 웬만한 질병이나 사고는 모두 보장된다고 생각하면 돼. 보험료가 생각보다 비싸지 않으니까 다음에 만날 때 너한테 맞는 상품 하나 보여줄게. 아, 참. 한 가지 잊을 뻔했다. 아이들 보험은 들었니?"

“응, 애들 태어나자마자 들었어. 아마 암보험일 거야. 와이프가 워낙 꼼꼼하거든.”

“미리 준비 잘했네. 마지막으로 하나 더. 운전자보험은 들었니?”

처음 듣는 단어였다. ‘혹시 자동차보험을 말하는 건가?’ 생각하는데 정현이가 말했다.

“대답을 못하는 것 보니까 자동차보험만 들었구나. 대인, 대물 위주의 보상을 해주는 자동차보험은 사고에서 남의 피해를 보상해 주는 보험이야. 운전자보험은 나를 보호해 주는 보험이지. 대인 사고 시 형사합의금, 변호사비용, 벌금, 상해입원비 등 자동차보험에서 보상해주지 않는 항목까지 담보하고 있거든.”

“다음에 만날 때 실손의료보험, 운전자보험, 치매보험 설계서 좀 뽑아서 보여줄래?”

“응, 그럴게.”

어느덧 시계가 6시를 훌쩍 넘기고 있었다.

“정현아. 바쁜데 정말 고맙다. 저녁 약속 없으면 같이 저녁 먹으러 가자. 내가 맛있는 거 살게.”

“그럴까? 잠깐만 기다려.”

사무실 창밖을 바라보니 유난히도 파란 가을 하늘에 하얀 뭉게구름이 둥실둥실 떠다니고 있었다. 풍요로운 가을, 지금 당장 내가 암에 걸리거나 사고로 죽는다 해도 가입한 보험들이 나와 내 가족을 지켜준다는 생각을 하니 왠지 모르게 마음이 놓였다.

사고 대비 How-To

정현이와 저녁식사를 하고 집에 돌아오니 저녁 8시 30분이었다. 아이들과 간단하게 산책을 하고 들어와 컴퓨터 앞에 앉았다.

우리나라 사람들의 주요 사망원인이 무엇인지 궁금했다. 통계청 홈페이지에서 2008년도 우리나라 사망자의 사망원인을 집계한 도표를 다운받았다.

놀라운 것은 암으로 인한 사망자가 너무 많다는 것이다. 10만 명당 139.5명이 사망했으니 1,000명당 1.395명이 암으로 사망한 셈이다. 암(28%), 뇌혈관질환(11.3%), 심장질환(8.7%)으로 사망한 사람만 전체 사망자의 48%였다. 1,000명당 2.394명이 이 3가지 질환으로 사망했다. 자살로 사망한 사람도 전체 사망자의 5.2%나 됐고, 교통사고 사망자도 3%나 됐다.

 1998년 암으로 인한 사망자 수는 10만 명당 108.6명이었으나, 2008년에는 10만 명당 139.5명이 사망해 10년 동안 무려 28%나 증가했다.

내가 가입한 교통상해보험, 종신보험, 건강생활보험, 암보험이 주요 사망원인을 상당 부분 보장해 주고 있었다.

사망원인 순위 (단위: 인구 10만 명당, 명, %)

순위	2008		
	사망원인	사망자수	구성비
1	악성신생물(암)	139.5	28.0
2	뇌혈관 질환	56.5	11.3
3	심장 질환	43.4	8.7
4	고의적 자해(자살)	26.0	5.2
5	당뇨병	20.7	4.2
6	만성하기도 질환	14.9	3.0
7	운수사고	14.7	3.0
8	간 질환	14.5	2.9
9	폐렴	11.1	2.2
10	고혈압성 질환	9.6	1.9
합계		350.9	70.4

(자료출처: 통계청 홈페이지)

갑자기 궁금한 점이 생기기 시작했다. 과연 내가 가입한 건강생활보험과 암보험이 암치료를 위해 충분한 보장을 할 수 있을까?

'암치료비용'을 검색했다. 국가암정보센터의 정보가 눈에 들어왔다. 가장 눈에 띄는 자료는 평균수명까지 생존 시 암에 걸릴 확률이었다.

죽을 때까지 남자는 34.4%, 여자는 28.9%가 암에 걸린다는 것이다. 남자는 10명 중 3.44명, 여자는 10명 중 2.89명이 암에 걸린다는 이야기다. 정말 놀랄 만한 수치가 아닐 수 없었다. 내가 살아있는 동안 암에 걸릴 확률이 무려 34.4%나 된다니!

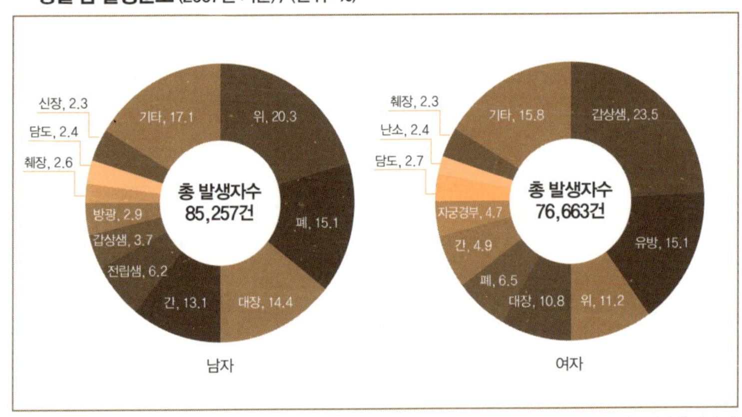

(자료출처: 국립암정보센터 홈페이지)

가장 흔한 암은 남자의 경우 위암이고 여자의 경우 유방암이었다. 최근에 증가하는 암은 대장암과 전립선암이었다. 매년 건강검진 받을 때마다 위내시경 검사만 하고 대장내시경 검사를 하지 않은 것이 생각났다. 당장 대장내시경을 받아 봐야겠다는 생각이 들었다.

만약 암에 걸린다면 치료비는 얼마나 들까? 기본적으로 수술을 한 번 정도 받을 거고, 그 이후에 지속적인 항암치료비에 간병비도 들어갈 텐데……. 치료비에 대한 궁금증이 생길 즈음 홈페이지 한쪽 편에서 국립암센터의 통계자료를 찾을 수 있었다.

암에 따라서도 치료비용이 천차만별이었다. 간암은 무려 6,623만 원, 갑상샘암의 경우는 1,126만 원 정도였다. 수술의 난이도나 항암치료기간, 치료약의 차이 때문인 것으로 보였다. 가입한 건강생활보험과 암보험에서 고액암일 경우 암진단 시와 수술 시 대략 8,000만 원 정도 지급하고 입원비로 약간 더 지급되니 두 보험만으로도 충분히 커버될 것으로 보였다.

주요 암 종류별 환자 1명당 비용 부담 (교통비, 간병비 등 포함한 의료비) / (단위: 원)

	암 종류	비용
❶	간암	6,623만 7천
❷	췌장암	6,371만 7천
❸	폐암	4,657만 3천
❹	담낭암	4,254만
❺	위암	2,685만 6천
❻	대장암	2,352만
❼	유방암	1,768만 5천
❽	자궁경부암	1,612만 6천
❾	방광암	1,464만 1천
❿	갑상샘암	1,126만 3천

(자료출처: 국립암정보센터 홈페이지)

그 다음에 궁금한 점은 치매였다. 언젠가 TV에서 치매환자를 둔 가족의 일상생활을 몇 주간 다룬 다큐를 본 적이 있다. 가족들의 고통이란 이루 말할 수 없을 정도였다.

간병인을 두거나 시설 좋은 요양기관에 보내자니 비용이 만만치 않았다. 그렇다고 직접 치매에 걸린 부모님을 모시자니 가족 전체의 일상생활이 완전히 망가질 위기에 처할 가능성이 컸다.

치매 관련 정보를 검색하는데, 서울시 치매센터 홈페이지가 눈에 들어왔다. 치매노인에 관한 통계수치가 있었다. 2006년 우리나라의 65세 이상 노인인구가 대략 430만 명인데 그 중에서 치매환자로 추정되는 노인이 무려 35만 명이었다. 8.1%였다. 100명 중 8.1명이 치매환자라니 정말 놀라웠다. 그때 홈페이지 한편에 있는 65세 이상 노인의 치매 발병률과 치매환자수 증가추이 그래프가 눈에 들어왔다.

65세를 기준으로 5년이 지날 때마다 치매 발병률이 2배씩 증가해서 75세가 되면 10%가 넘는 발병률을 기록하고 있었다. 생각보다 치매 발병률이 높았다. 앞으로 치매를 걱정하려면 30년도 넘게 남았다는 생각에 안심이 되기는 했지만, 만약 70세나 돼서 치매에 걸린다면 누가 나를 책임질지 걱정이 되기도 했다.

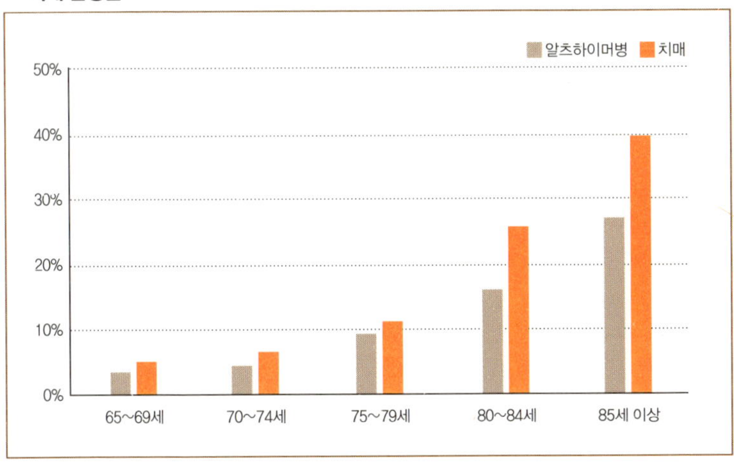

　지난번 TV에서 본 치매환자의 모습이 미래의 내 모습이라면 30년 뒤 40세의 딸과 34세의 아들 녀석이 치매에 걸린 부모를 모신다는 것은 너무나도 큰 짐이 될 것이 불 보듯 뻔했다.

　치매를 대비한 보험을 골라 아내와 내 이름으로 가입해야겠다는 생각이 들어 치매보험에 대해서 찾아보았다.

　실버보험, 노인건강보험, 치매보험 등 다양한 이름의 보험들이 있었다. 가입기간, 보장내역에 따라 보험료는 2~8만 원으로 다양했다. 정현이가 말했던 것처럼 대략 3~4만 원이면 어느 정도 치매를 대비할 수 있을 것 같았다.

2장

두 번째 보물,

돈 걱정 없는 은퇴를 준비하라!

'은퇴'라는 재앙이 몰려온다

"따르릉……"

요란한 자명종 소리에 눈을 떠 보니 아침 6시 30분이다.

'아, 참. 오늘은 대한전자에 강의하러 가는 날이지?'

최근 많아진 강의 때문인지 다른 날보다 몸이 무겁기는 했지만 시간을 맞추려면 더 이상 지체할 수 없었다. 샤워기의 시원한 물줄기가 온몸을 타고 흐르자 피로가 풀리며 정신이 들기 시작했다.

'오늘은 어디에 포인트를 두고 강의할까?'

오늘 강의는 '변화하는 시대의 자산관리'라는 주제로, 대한전자 용인연수원에서 연수받는 직원들을 대상으로 이루어진다.

간단히 아침식사를 마치고 차에 올라 중부고속도로 동서울 톨게이트를 나서니 짙푸른 산이 눈에 들어왔다. 연수원 옹기종기 모여 강의를 들을 젊은 직원들을 생각하니 불현듯 예전에 탑골공원에서 만났던 할아버지 생각이 났다.

"젊었을 때로 돌아갈 수만 있다면 제일 먼저 연금부터 가입할 거야. 작년에 마누라가 암으로 죽었는데 그 흔한 항암치료 한 번 제대로 받지 못하고 저 세상으로 갔어. 나 같은 놈을 남편이라고 만나서 반평생을 행상하면서 애들 키우고 고생만 죽어라 했으니……."

돌아가신 할머니를 회상하며 할아버지는 눈물을 글썽이다 더 이상 말을 잇지 못하셨다. 노후문제에 관심을 갖게 되면서 찾은 탑골공원, 종묘공원에서 할아버지처럼 뒤늦은 후회를 하는 분들을 너무도 많이 볼 수 있었다.

한 끼 식사값 2,000원이 없어 공원 주변 무료급식소에서 밥과 김치, 나물 한 가지로 점심을 때우고, 내기 장기판 옆을 기웃거리며 시간을 보내는 할아버지들……. 그러다 누가 막걸리라도 한잔 공짜로 주면 횡재라도 한 듯 목을 축이는 할아버지들의 모습을 보면서 가슴이 미어짐을 느꼈다.

어떤 사람들은 노후에 고급승용차를 타고 다니면서 골프를 즐기고 새로운 악기도 배우며 풍요로운 시간을 보내고 있는데, 공원에서 만난 할아버지들은 너무나도 대조적인 모습이었다.

'그래. 오늘 수강자들이 대부분 대리에서 과장급으로 젊은 사람들이 많으니까 탑골공원에서 만났던 분들 이야기를 서두에 꺼내고 강의를 시작해야지…….'

호법 인터체인지를 거쳐 덕평 IC를 빠져나가 고불고불 몇 개의 길을 지났다. 찾아가는 연수원이 저 멀리 모습을 드러냈다.

3층에 위치한 강의장에 들어서자 100여 명의 직원들이 여기저기서 커피를 마시며 담소를 나누고 있었다. 강의를 진행하는 인사부 김 과장님과 명함을 주고받고 USB를 노트북에 연결한 뒤 천천히 자리에 앉아 있는 직원들을 살펴보았다.

갑자기 10여 년 전, 회계법인에서 일할 때의 시간들이 떠올랐다.

잦은 야근과 계속되는 출장……. 맞벌이하는 아내와 아침저녁으로 아이들을 어린이집에 맡겨 가면서 하루하루를 열심히 살았지만 왠지 모르게 사는 게 불안했다. 꽤 많은 돈을 벌었지만, 매달 생활비에 도우미비용, 부모님 용돈을 드리고 나면 통장에 남는 돈이 별로 없었다.

일요일 오후면 다음주 제출해야 할 보고서에 스트레스를 받았고, 임원 승진에 밀려 회계사무실을 개업했다가 인건비와 임대료 때문에 고생하는 선배 회계사들의 모습이 눈에 들어오기 시작했다.

'그냥 이렇게 열심히만 살면 별 문제가 없는 건가?'

무엇인가 2% 부족하다는 걸 느꼈지만 격무와 바쁜 일상생활에 그 부족함을 준비하고 채워 나갈 겨를이 없었다.

잠시 생각에 잠겨 있는 사이 김 과장님이 커피를 들고 다가오시며 말씀하셨다.

"정 교수님. 오시는데 고속도로는 밀리지 않았나요? 연수원이 좀 외진 데 있어서 찾는데 불편하셨죠?"

“아닙니다, 과장님. 생각보다 중부고속도로가 한산하던데요. 연수원 근처에 몇 번 와 본 적이 있어서 쉽게 찾았고요.”

과장님은 강의진행에 대해 간단하게 안내해 주셨다.

“정 교수님. 이번 강의 제목이 ‘변화하는 시대의 자산관리’잖아요. 자산관리라고 하니까 많은 직원들이 주식이나 부동산투자에 도움되는 재테크 정보를 주는 걸로 알고 있어요. 하지만 너무 투자 쪽으로 초점을 맞춰 진행하지 않으셨으면 해요.”

“예. 주로 저축을 기반으로 젊었을 때부터 노후를 준비하면서 안정적으로 투자하는 방법이에요. 직원들이 주식투자를 많이 하나 본데요. 투자에 초점을 맞추지 말라는 것 보니까요?”

“회사가 상장회사이다 보니 직원들이 우리사주를 받아요. 일단 우리사주를 받으면 주식투자를 모르던 직원들도 자연스럽게 관심을 갖게 되더라고요.”

“무슨 말씀인지 알겠어요. 여러 회사 강의를 다녀보니까 다 비슷하더라고요. 주식투자에 관심을 갖게 되면 우리사주를 자꾸 사고팔았다하면서 대출까지 받아 코스닥 잡주까지 손대는 직원이 나온다니까요.”

과장님이 속 시원하다는 듯 맞장구를 치며 말씀하셨다.

“말도 마세요. 얼마 전에는 경리과 여직원이 공금 1억 원을 횡령해서 주식투자하다가 적발됐다니까요. 감사실에서 조사해 보니까 그 여직원이 주식투자로 날린 돈이 2억도 넘었대요. 그때부터 사장님 특별지시로 회사 내부에서는 모든 주식거래 사이트가 막혔어요."

회사는 직원들이 좀 더 자기 회사에 애착을 갖고 일하게 하고, 나중에 주식가격이 오르면 경제적으로 도움도 줄 목적으로 시세보다 낮은 값으로 직원들에게 우리사주를 나눠준다. 하지만 많은 직원들이 우리사주를 계기로 주식투자를 시작해 회사 업무에 집중하지 못할 뿐 아니라 귀중한 돈을 날리기도 한다.

강의장 뒤편의 벽시계를 바라보니 강의시간이 다가왔다.

과장님이 마이크를 잡고 강의 오프닝과 함께 나에 대해 간단히 소개했다.

"오늘은 정성진 교수님께서 '변화하는 시대의 자산관리'라는 주제로 강의를 해주시겠습니다. 교수님은 공인회계사로 현재 대학 교수로 재직 중이시며, 이전에는 SC제일은행 역삼PB센터 PB팀장을 역임하셨습니다. 또한 베스트셀러《돈 걱정 없는 노후 30년》의 저자이시기도 합니다. 그럼 교수님을 모시겠습니다. 큰 박수로 맞아 주시기 바랍니다."

직원들의 박수를 받으며 강의가 시작되었다.

"여러분, 안녕하세요? 소개받은 정성진 교수입니다. 오랜만에 집을 떠나 객지에서 생활하니 좀 피곤하시죠? 그래도 여러분 인생에서 무엇보다 중요한 돈과 관련된 이야기니 집중해서 들어 주세요. 현실적으로 많은 도움이 될 겁니다. 그럼 강의를 시작하겠습니다.”

손에 쥐고 있는 포인터 버튼을 누르자 빔프로젝트에서 쏘아져 나온 화면이 목차를 나타내는 페이지로 넘어갔다.

“간단히 목차를 보면서 전체내용을 살펴볼까요? 강의는 크게 세 부분으로 구성되어 있습니다. 먼저 변화하는 사회 환경에 대해서 살펴보겠습니다. 글로벌 금융위기 후유증으로 여러분 회사도 어려움이 많죠? 자산관리를 제대로 실행하기 위해서는 정확한 사회환경과 금융환경을 알아야 합니다.”

고개를 돌려 직원들을 바라보며 설명을 이어나갔다.

“두 번째로 20~30년 뒤 우리의 모습, 바로 노후문제에 대해서 간단하게 살펴보겠습니다. 지금 강의듣는 분들이 주로 30대 초반이기 때문에 ‘젊은 나이에 노후는 무슨 노후?’ 이렇게 생각하실 수 있습니다. 하지만 노후문제에 대한 심각한 고민이 있어야 안정적 자산관리가 가능합니다.”

많은 사람들이 공감하는 표정이었다.

“마지막으로 구체적인 자산관리 방법에 대해 살펴보도록 하겠습니다. 혹시 중간에 질문이 있으신 분들은 손을 들어 주세요.”

포인터의 다음 버튼을 누르자 화면에는 탑골공원과 공원을 가득 채운 노인들이 있는 사진이 나타났다.

“여러분! 여기가 어디인 줄 아시나요?”

여기저기서 "파고다공원이요.", "탑골공원이요." 하는 소리가 들려왔다.

"예, 모두 맞습니다. 파고다공원은 탑골공원의 또 다른 이름이죠. 제가 전국 여러 도시 강의를 다니면서 이 사진을 보여드리는데, 모두들 탑골공원을 아시는 걸 보면 이 공원이 유명하긴 유명한가 보네요. 사진을 잘 보시기 바랍니다. 혹시 할머니가 보이시나요?"

여기저기 웅성이면서 대답이 나오기 시작했다.

"어? 정말 없네. 아~ 저기에 할머니 한 분이 계신 것 같은데요?"

"그곳에 가보면 할머니는 별로 없습니다. 주로 할아버지만 오시지요. 혹시 그 이유를 아시나요? 할아버지가 집에서는 별 쓸모가 없기 때문입니다. 할머니는 아들, 며느리가 출근하고 나면 청소에 빨래도 하면서 집안일을 돕지만, 할아버지는 괜히 방해만 되죠."

비참한 현실임에도 불구하고, 직원들이 여기저기서 웃음을 터뜨렸다.

"그래서 대강 아침을 때운 할아버지들은 공짜 지하철 표를 얻어 탑골공원에 갑니다. 거기서 장기도 두고 무가지 신문도 보면서 또래 할아버지들과 무료한 하루를 보내시는 겁니다. 또 한 가지 질문을 드리죠. 탑골공원 뒷골목에서 얼마면 점심 한 끼를 먹을 수 있을까요?"

"4,000원이요! 3,000원이요! 5,000원이요! 2,000원이요!"

"맞습니다. 2,000원입니다. 여러분은 얼마짜리 점심을 드시나요?

아마 5,000원 안팎이겠지요. 하지만 탑골공원에 가면 2,000원이면 가능합니다. 식당들이 할아버지들 주머니 사정을 고려해 식단을 준비하기 때문입니다. 그나마도 탑골공원을 찾는 노인의 50~60%는 인근 사회복지시설이나 원각사의 무료급식소에서 한 끼를 때웁니다. 자, 그럼 다음 슬라이드를 보겠습니다.”

밥차 앞에서 무료급식을 받는 사람들, 노인들이 큰 책상에 옹기종기 모여 앉아 서류에 무엇인가 적는 사진이 나타났다.

“이 사진은 무슨 사진일까요?”

직원들은 고개를 갸우뚱하며 사진을 보고 있었다.

“노인 일자리 박람회에 참석한 할아버지, 할머니들이 직업신청서를 작성하는 장면입니다. 각 지방자치단체들이 노인 일자리 박람회를 여는데, 한 박람회에 보통 3~4만 명의 노인 분들이 참석하고 계십니다.”

생각보다 많은 노인들이 일자리를 구하기 위해 노력한다는 현실에 직원들은 놀라는 눈치였다.

“100~200개 업체가 각 10명 정도의 노인 분들을 채용하기 위해 박람회를 찾고 있다고 합니다. 박람회마다 1,000~2,000명의 노인들이 채용되는 셈이죠. 일부 전문 경력을 보유한 분들은 전문직으로 취업이 되는 경우도 있지만, 대부분 단순조립, 건물경비원, 건물청소 등의 일을 하게 된다고 합니다.”

비참한 현실이 조금은 느껴지는지 갑자기 분위기가 엄숙해졌다.

"최근 통계청 자료에 의하면 65세 노인의 35%가 지금도 생계를 위해 계속 일하고 있는 것으로 조사되었습니다. 공식 통계가 이 정도니 실제로는 더 높을 겁니다. 그래서 그런지 몰라도 요즘 주유소에서 기름 넣고 세차를 하고 나면 할머니, 할아버지들이 차에 남은 물기를 닦아주는 경우를 쉽게 볼 수 있죠."

화면에 눈 덮인 예쁜 전원주택과 그 앞에 주차되어 있는 근사한 대형 세단 승용차 사진이 나타났다. 짙푸른 잔디 위에서 골프를 즐기고 있는 노인 분들의 사진도 보였다.

"사진 보니까 기분이 어떠신가요? 너무 대조적이죠. 어떤 분들은 힘든 노후를 보내는가 하면, 어떤 분들은 좋은 집에, 좋은 차에 풍요로운 노후를 즐기고 있습니다. 왜 이런 차이가 났을까요?"

직원들은 침묵한 채 이야기에 집중하고 있었다.

"풍요로운 노후를 보내는 분들은 모두 좋은 집안에 태어나 좋은 학교 졸업하고 고액 연봉을 받고, 어려운 노후를 보내는 분들은 젊어서 돈을 거의 벌지 못했을까요? 그런 경우도 있을 수 있겠지만 대부분의 경우는 그렇지 않습니다. 그 차이는 인생 전체에 걸친 'Planning'이 있었는지 여부입니다. 즉, 인생을 미리미리 계획하고 준비했는지에 따라 결정된다는 겁니다."

하나둘씩 고개를 끄덕이는 직원들이 보였다.

"탑골공원의 노인 분들과 이야기를 나눠보면, 젊었을 때 정상적인 직장생활을 했거나 꽤 많은 돈을 벌었던 경우를 어렵지 않게 들을 수 있습니다. 하지만 그 분들은 매달 받은 월급을 모두 써버리거나, 사업실패나 사고로 모았던 돈을 모두 날려버렸습니다."

"여러분은 어떤 인생을 살고 싶으십니까? 은퇴 후 풍요로운 인생을 사시겠습니까? 아니면 공원에서 무료한 하루를 보내시겠습니까?"

직원들은 사뭇 비장한 표정이었다.

"우리나라도 이제 먹고살 만하니 노후를 국가가 책임지거나 막연하게 어떻게 될 거라고 생각하는 분이 있을 수 있습니다. 하지만 세상은 이전보다 더 각박하고 어렵게 변해가고 있습니다. 젊어서부터 미리미리 준비하지 않으면 누구도 우리의 인생을 책임지지 않습니다. 자, 그럼 세상이 어떤 식으로 변하고 있는지 자산관리 측면에서 살펴보기로 하겠습니다."

은퇴를 준비해야 하는 3가지 이유

화면에 '개발도상국형 고성장 경제에서 선진국형 저성장 경제로 이전'이라는 문구가 보였다.

"90년대 우리나라는 10% 넘는 경제성장을 했지만 최근에는 3~4% 성장하고 있죠. 미국이나 선진 유럽은 어땠을까요?"

선진국의 경제성장 그래프를 가리키며 말했다.

"선진국들도 한창 발전하던 시절에는 10% 안팎 성장했지만 선진국 대열에 들어서면서 3%, 지금은 2%대 성장하고 있습니다. 경제규모가 점점 커지기 때문에 해마다 3% 성장도 만만치 않습니다. 이제 우리나라도 수출에 의존한 선진국형 경제체제로 바뀌고 있습니다."

다음 화면은 우리나라의 수출의존도가 70%에 육박하고, 주요 수출품으로 자동차, 휴대폰, 선박, 평면TV 등이 있음을 보여주었다.

“주요 수출품을 보면 알 수 있듯이 초기에 많은 투자와 고도의 기술을 요하는 자본집약적 산업입니다. 산업 하나를 구축하는 데 엄청난 자금과 시간이 필요하죠. 이러한 이유로 기업들은 IMF 이전과 같이 대출에 의존해 운영할 수 없게 되었습니다. IMF 이후 자금수요가 급격히 줄어들자 연 4% 안팎의 저금리시대로 접어들게 된 것입니다.”

금리추이를 나타내는 그래프가 화면에 나타났다.

“보이시죠? 정기예금 금리가 처음 6% 미만으로 떨어진 것이 2000년도이고, 4% 아래로 떨어진 것이 2004년도입니다. 이제는 글로벌 금융위기와 같은 사건들이 없으면 금리가 4%를 넘기 어렵습니다. 다음으로 중요한 사회변화는 인구구조의 급격한 변화입니다. 급격한 인구의 노령화와 저출산이죠. 여기를 보세요.”

인구구조의 변화

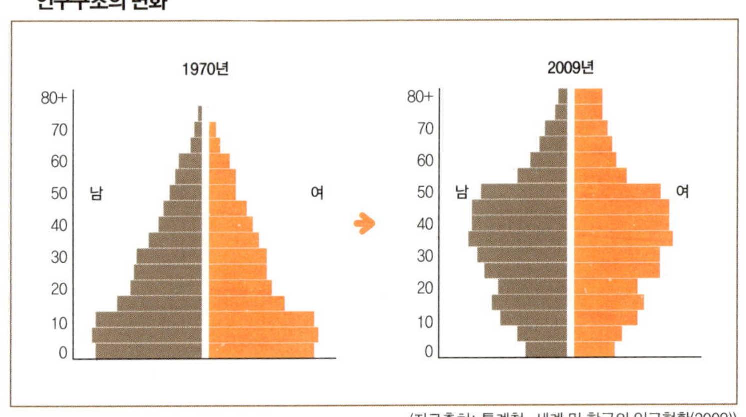

(자료출처: 통계청, 세계 및 한국의 인구현황(2009))

　1970년 우리나라 인구구조는 20대 미만의 인구가 다수를 차지하는 전형적인 피라미드 모양이다. 그에 비해, 2009년은 40대 전후가 주축을 이루는 가운데가 불룩한 항아리 모양이다.

　"고등학교 사회책에나 나오는 그림이죠? 이 그림은 엄청난 사실을 알려주고 있습니다. 왼쪽의 10대 미만 사람들이 40년이 지난 지금 40~50대가 된 겁니다. 6·25 전쟁 이후 베이비붐 세대죠. 하지만 그 이후 출산률이 급격히 떨어졌습니다. 우리 세대만 해도 보통 한 집에 자녀가 2~3명이었지만 이제 1명만 낳는 부부들이 많습니다."

　직원들은 왠지 자신의 이야기라는 듯 진지한 표정이었다.

　"우리나라 출산률이 전 세계에서 가장 낮다고 합니다. 1.2명이라니 정말 걱정입니다. 이렇게 40년이 지나면 어떻게 될까요?"

2050년 인구구조

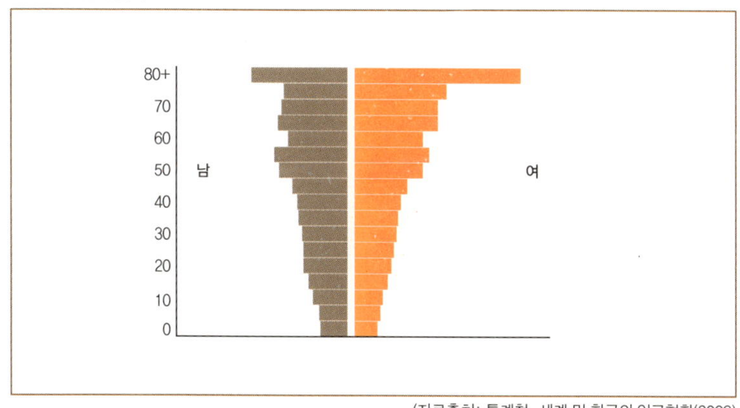

(자료출처: 통계청, 세계 및 한국의 인구현황(2009)

40년 뒤 2050년의 인구구조가 화면에 나타났다.

"모양이 참 불안하지 않습니까? 신혼부부들은 갈수록 아이를 낳지 않고, 30~50대는 대부분 죽지 않고 노인이 되기에 이렇게 기형적인 역피라미드 형태로 바뀌는 것입니다. 그렇다면 인구구조 변화가 우리의 자산관리와 무슨 관계가 있을까요?"

직원들을 바라보며 잠시 숨을 고른 뒤, 이야기를 이어갔다.

"심각한 영향을 미치게 됩니다. 우리들이 죽지 않고 90세 가까이 살게 되면 그만큼 많은 돈이 필요하며, 급격히 늘어나는 노인층은 국가에 엄청난 부담을 주기 때문입니다. 그럼 다음 화면을 볼까요?"

국민연금기금 적립금 전망 (2008년 추계 / 단위: 원)

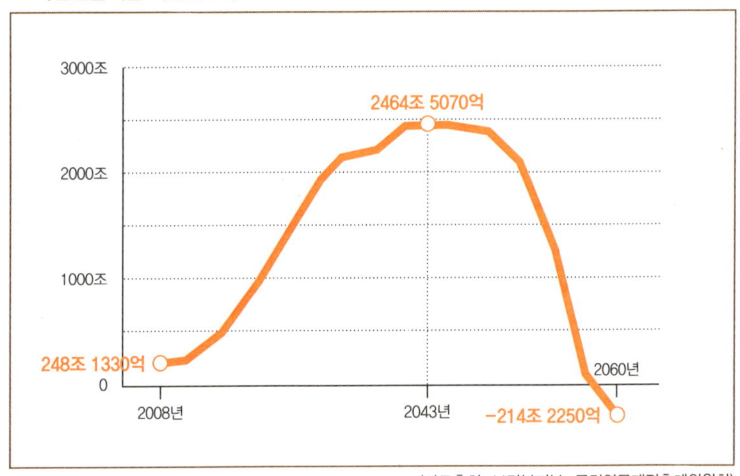

(자료출처: 보건복지부 · 국민연금재정추계위원회)

"최근에 보건복지부가 발표한 자료입니다. 이대로 가면 2060년이 되기 전에 국민연금이 고갈된다고 합니다. 여러분은 국민연금에 불입하고 있는 돈을 저축이라고 생각하십니까?"

고개를 끄덕이는 직원들이 몇몇 보였다.

"아닙니다. 제 생각에 국민연금 불입은 저축도 투자도 아닌 효도입니다. 여러분이 불입하는 국민연금이 은퇴를 맞은 65세 이상 노인들을 부양하기 때문입니다. 따라서 여러분이 65세에 연금받기 위해서는 젊은 누군가가 계속 불입해 줘야 합니다. 제가 중·고등학교에 다닐 때는 한 반 정원이 70명을 넘었고, 한 해에 100만 명이 넘는 학생이 중·고등학교를 졸업했습니다. 그러나 이제는 한 반 학생 숫자가 40명이 되지 않으며, 2008년 고등학교를 졸업한 학생 수는 58만 명이라고 합니다."

나는 단단히 굳은 표정으로 말했다.

"더 이상 국민연금에 큰 기대를 하지 마십시오. 앞으로 불입액은 늘어나고 지급액은 지속적으로 줄어들 것입니다."

그리고 나서, 한 가지 질문을 했다.

"혹시 은퇴 후 받게 될 국민연금이 얼마나 되는지 알고 계신가요? 모르신다면 국민연금관리공단 홈페이지에서 조회해 보시기 바랍니다. 지금까지 불입한 금액과 65세 이후 수령 가능한 연금을 알 수 있습니다."

예상연금 수령액 (단위: 원)

가입기간 중 기준 월 소득	연금불입액	가입기간				
	(9%)	10년	15년	20년	30년	35년
1,060,000	95,400	163,350	238,610	309,600	446,440	514,860
1,560,000	140,400	193,190	282,210	366,160	528,000	608,920
2,080,000	187,200	224,230	327,540	424,990	612,830	706,750
2,540,000	228,600	251,690	367,650	477,020	687,870	793,290
3,600,000	324,000	314,960	460,070	596,940	860,780	992,700

(자료출처: 국민연금관리공단 홈페이지)

"국민연금 불입액의 50%는 회사가 대신 납부하고, 50%는 여러분이 불입하기 때문에 표에 있는 연금 불입액의 50%가 여러분이 부담하는 금액입니다. 국민연금은 소득의 9%를 불입합니다. 하지만 최고한도가 있습니다. 월 32만 4,000원입니다. 즉, 여러분이 부담할 최고 금액은 16만 2,000원이죠."

직원들은 그 정도는 안다는 표정이었다.

"앞으로 수령 가능한 연금을 한번 알아볼까요? 수령액은 가입기간에 따라 달라지는데 35년간 매월 32만 4,000원, 최고 금액을 불입했다고 가정할 때 예상 월 연금 수령액은 99만 2,700원입니다. 이 정도 금액이면 노후에 최소한 굶어죽지는 않을 것 같습니다. 문제는 여러분이 35년간 연금을 불입할 수 없다는 거죠. 20대 후반에 입사한 여러분 모두가 50대 후반까지 직장생활을 할 수 있을까요?"

어렵다는 걸 아는지 갑자기 모두가 조용해졌다.

"여러분 회사의 사장님 나이가 몇 살인가요? 100대 상장기업의 전문 CEO들의 평균나이는 59세였으며 대부분 60세 정도에 퇴직했다고 합니다. 여러분 중 CEO는 한두 명 나올까 말까 하기 때문에 열심히 일해도 50대 초반을 넘기기 어려울 수 있습니다. 또한, 최고 금액을 불입하지 않는다는 것도 문제입니다. 신입사원 때는 월 소득이 많지 않기 때문에 불입하는 연금 또한 적습니다. 대부분 직장인들은 70만 원 안팎을 수령하게 되겠죠. 그런데 국민연금이 고갈되면서 지급액이 점차 줄어든다고 합니다. 실제 연금수령액은 50만 원 정도밖에 되지 않을 겁니다."

실망한 듯한 사람들에게 용기를 주기 위해 다음 주제로 넘어갔다.

"그래도 다행인 건 우리나라 경제가 발전하면서 1인당 국민소득도 급격히 증가한다는 겁니다. 그 증가추이를 살펴볼까요?"

1인당 국민소득 증가추이 (단위: 달러)

1975년	1980년	1985년	1990년	1995년	2000년	2005년	2006년	2008년
627	1,713	2,405	6,403	11,908	11,292	17,531	19,722	19,231

(자료출처: 한국은행 통계자료)

"2000년 1만 1,292달러였던 1인당 국민소득이 2006년, 6년 만에 1만 9,722달러를 기록해 국민소득 2만 불 시대를 열었습니다. 설명드린 것처럼 자동차, 휴대폰, 선박, 평면TV 등의 효자품목들이 수출을 견인하면서 이루어진 쾌거지요."

벽시계를 보니 9시 50분이 다 되었다.

"신입사원 2000년 연봉과 현재 연봉을 비교해 보십시오. 꽤 올랐을 겁니다. 조사결과에 따르면 매출액 기준 1,000대 기업의 2000년 20대 직원들의 평균연봉은 1,584만 원이었으나, 2008년에는 3,000만 원으로 두 배 가까이 상승했습니다. 은퇴라는 재앙이 몰려오고 있지만, 우리의 현실은 그 재앙을 대비할 충분한 기회를 주는 셈입니다."

이로써 한 시간 가까이 진행된 첫 번째 강의가 끝났다.

"잠시 쉬고, 10시에 다시 시작하겠습니다. 다음 시간에는 노후를 위해 얼마나 준비해야 하는지 말씀드리겠습니다."

얼마나 준비해야 할까?

마이크를 단상에 내려놓고 커피를 마시러 가는데 직원 한 명이 다가와 말을 걸었다.

"교수님, 제가 몇 개월 전에 《돈 걱정 없는 노후 30년》을 읽었습니다. 소설처럼 쓰여 있어서 금세 읽었어요. 이렇게 강의까지 듣고 보니 그동안 너무 계획 없이 살았다는 반성을 다시 한 번 하게 됩니다."

이럴 때마다 책쓰기를 정말 잘했다는 생각이 든다. 책을 통해 많은 사람들이 현재의 무계획을 느끼고 미래를 위해 하나둘씩 준비를 시작하니 말이다.

"독자 분을 이렇게 만나 뵈니 저도 반갑습니다."

"제가 책을 읽고 차를 바꿨어요. 할부로 2,500cc짜리 SUV 차량을 타고 있었는데, 소형차로 바꾸고 나서 유지비랑 할부금 합쳐서 한 달에 30만 원을 절약하고 있어요. 절약한 돈은 15년 만기 개인연금에 가입해서 계속 불입하고 있습니다."

"제가 다 감사하네요. 나중에 그 연금이 큰 효자 노릇 할 거예요."

어느덧 시계가 10시를 가리켰다. 곧 강의가 시작됨을 알리자 여기저기 흩어져 있던 직원들이 하나둘씩 자리로 돌아오기 시작했다.

"자, 그럼 강의를 계속하겠습니다. 좀 전에는 노후준비의 필요성에 대해서 말씀드렸는데, 이번에는 노후준비금액에 대해서 말씀드리겠습니다."

'노후생활수준을 설정하자.'라는 문구와 함께 부부가 골프 치는 사진, 고급아파트 사진, 3,000cc 대형승용차 사진, 해외여행지 사진이 차례로 오버랩되며 나타났다.

"여러분, 퇴직하고 이 정도는 살아야 풍요롭지 않을까요? 넓은 아파트에 살면서 아내랑 한 달에 한두 번 골프도 치고 가끔씩 해외여행도 다니면서 말입니다. 그럼 한 달 생활비가 얼마나 들까요?"

많은 사람들이 그런 풍요로운 생활을 하는 게 쉽냐는 표정이었다.

"거주 지역에 따라 차이가 있겠지만 서울이라면 최소 한 달에 400만 원은 들어갈 겁니다."

이번에는 아담한 크기의 아파트 사진, 소형승용차 사진, 부부가 등산하는 사진, 설악산의 예쁜 단풍 사진이 파노라마처럼 오버랩되면서 화면에 나타났다.

“퇴직 후 이 정도로 생활하려면 얼마나 들까요? 월 200만 원 정도는 필요하겠죠? 이제 마음속으로 여러분이 원하는 노후생활수준을 설정해 보세요. 노후에 꼭 골프를 쳐야만 하는 것은 아닙니다. 솔직히 건강에는 골프보다 등산이 훨씬 좋습니다. 그리고 넓은 아파트에 살아봤자 청소하기만 힘듭니다. 너무 화려한 것만 생각하지 말고 적절한 목표수준을 설정하시기 바랍니다.”

잠시 여유를 준 뒤 이야기를 계속했다.

“노후의 월 생활비를 기본금액 200만 원 수준으로 설정해 보겠습니다. 여유가 있어서 풍요로운 노후를 준비할 수 있으면 좋겠지만, 우리 같은 보통 사람들은 여유가 별로 없잖아요.”

직원들이 하나둘 또 다시 고개를 끄덕였다.

“국민연금 예상수령액을 월 50만 원 정도 기대할 수 있으니까, 노후에 150만 원의 생활비만 더 준비하면 되겠네요. 그럼 노후생활비 150만 원을 마련하기 위해 여러분이 앞으로 얼마의 돈을 모아야 할까요? 계산을 위해서는 여러분의 현재 나이와 노후기간, 모으는 돈의 이자율과 물가상승률에 대한 가정이 필요합니다.”

정확한 수치를 예로 들며 차근차근 설명했다.

“현재 나이를 30세, 은퇴기간은 55세부터 85세까지 30년으로 하고, 예금이자율은 4%, 물가상승률은 2.5%라고 가정하겠습니다. 25년 뒤인 55세에 직장에서 퇴직하고, 85세에 사망한다는 겁니다. ‘55세까지 내가 이 회사에서 버틸 수 있을까?’라고 생각하시는 분들도 있겠지만, 이 회사를 그만두더라도 최소한 55세까지는 일을 하시겠죠? 말씀 드린 내용을 간단히 그림으로 요약하면 이렇습니다."

물가상승과 예금이자율을 고려한 노후생활비

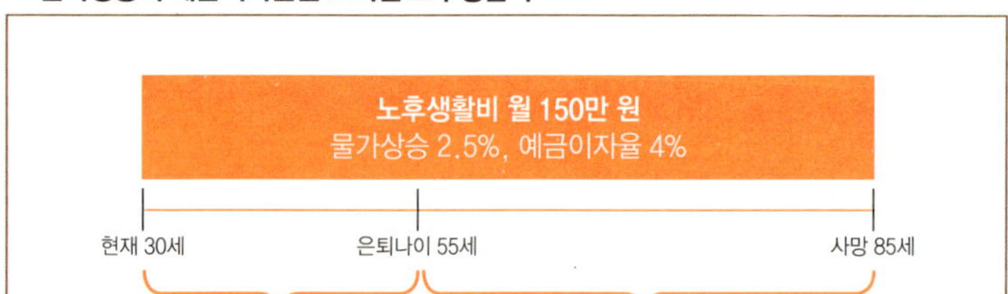

"은퇴시점인 55세에 얼마의 돈이 있어야 85세까지 일을 하지 않으면서 편안한 노후를 보낼 수 있을까요? 한번 생각해 보세요."

잠시 생각할 시간을 준 뒤, 포인터의 버튼을 눌렀다.

'8억 원'

여기저기서 웅성이는 소리가 들려왔다. '먹고 죽을 돈도 없는데 무슨 8억이야.'라는 의미 같았다.

"25년 뒤 8억이 있으면 곶감 빼 먹듯이 매달 생활비를 빼 쓸 수 있고, 85세 때 돈이 떨어집니다. 8억이란 돈이 너무 부담되죠? 하지만 너무 걱정하지 마세요. 지금 당장이 아니라, 25년 뒤에 8억이 필요한 겁니다."

그런 말로는 위로도 되지 않는다는 듯 사람들은 심각해져 있었다.

"이자율이 4%라면 25년 뒤 8억 원은 현재의 3억 원과 가치가 같습니다. 지금 당장 여윳돈 3억 원이 있어서 이자율 4% 예금에 25년간 묻어두면 8억 원이 되는 거죠. 그러나 대부분 사람들은 어느 정도 여유자금이 있다 하더라도 아이들 교육시키고 결혼도 시켜야 하기 때문에 노후를 위한 여유자금은 없는 경우가 많습니다. 결국 지금부터 퇴직할 때까지 노후자금을 모아야 하는 겁니다."

나는 옅은 미소를 짓고, 직원들을 바라보며 이야기를 이어나갔다.

"한 가지 다행인 것은 여러분은 퇴직할 때 퇴직금을 받게 됩니다. 연봉 수준이나 이직 정도에 따라 모두 다르겠지만 대략 1억 원 이상을 받게 될 겁니다. 준비할 8억 원 중 퇴직금이 1억 원을 커버해 주는 겁니다. 즉, 퇴직금은 노후를 책임지는 귀중한 돈입니다. 중간정산을 통해, 혹은 직장을 옮기면서 받은 퇴직금을 함부로 쓰지 말고 꼭 모아두시기 바랍니다."

몇몇 사람들은 이미 퇴직금을 중간정산한 적이 있거나 전 회사를 그만둘 때 받은 퇴직금을 다 써버렸는지 뜨끔한 눈치였다.

"모아야 할 돈이 7억 원 남았죠? 7억 원을 모으기 위해서는 25년간 얼마씩 모아야 할까요? 예금이자율은 4%로 가정했습니다."

'월 140만 원'

또 다시 여기저기서 웅성이기 시작했다. 30대 초반의 대리, 과장

직급의 월급이 400만 원 안팎 수준일 텐데 월 140만 원을 노후만을 위해서 모으라는 것은 비현실적인 이야기로 들렸을 것이다.

"금액이 너무 큰가요? 하지만 불가능한 것은 아니니 걱정하지 마세요. 여러분은 이제 30대 초반이니까 앞으로 연봉도 많이 오를 겁니다. 잘리지만 않는다면요."

직원들이 한바탕 웃음을 터뜨렸다.

"아무리 연봉이 오르더라도 월 140만 원은 좀 많죠? 그럼 이자율을 4%에서 5%, 6%로 조금씩만 올려볼까요?

버튼을 차례로 누르자 이자율 수준별 월 적립액이 나타났다.

노후생활비 150만 원을 모으기 위한 월 적립액

이자율	4%	5%	6%	7%	8%
월 적립액	140만 원	100만 원	75만 원	55만 원	40만 원

(적립기간 25년, 물가상승 2.5%)

"마음이 좀 놓이시나요? 수익률이 1% 높아질 때마다 모아야 하는 금액이 팍팍 줄어서 8% 수익률이면 월 40만 원이면 됩니다. 그러나 25년간 꾸준히 8%의 수익을 달성한다는 것은 결코 쉬운 일이 아닙니다. 현재 정기예금 이자율이 4% 안팎이기 때문에 수익률을 높이기 위해서는 위험이 있는 주식이나 펀드투자를 해야 합니다."

직원들은 역시 투자밖에 없다는 듯, 더 집중하기 시작했다.

"하지만 노후자금 마련을 위해 주식, 펀드에 높은 비율을 투자하는 것은 바람직하지 않습니다. 50% 이하가 좋습니다. 매월 모으는 돈을 이자율 4% 예금에 60%를 불입하고, 수익률 12% 펀드에 40%를 불입한다면 평균수익률이 7%가 됩니다. 표를 보시면 알 수 있듯이 수익률 7%일 때에는 매월 55만 원 정도 적립하면 노후생활비 150만 원을 준비할 수 있는 겁니다.”

“한 가지 질문을 드리겠습니다. 여러분이 30세가 아니라 35세나 40세라면 퇴직 때까지 매월 모아야 하는 금액이 어떻게 바뀔까요? 35세라면 20년이 남은 것이고, 40세라면 15년이 남은 겁니다. 정기예금 이자율을 4%라고 가정하고 계산해 볼까요?”

노후생활비 150만 원을 모으기 위한 연령대별 월 적립액

현재나이	30세	35세	40세	45세	50세
적립기간	25년	20년	15년	10년	5년
월 적립액	140만 원	170만 원	220만 원	310만 원	600만 원

(예금이자율 4%, 물가상승 2.5%)

“늦게 시작할수록 매월 불입해야 하는 금액이 기하급수적으로 늘어납니다. 만약 40세인 사람이 노후준비가 전혀 되어 있지 않다면 월 220만 원을 적립해야 하고, 퇴직이 얼마 남지 않은 분들은 매달 600만 원을 적립해야 합니다. 불가능한 금액이죠. 이렇게 금액이 기하급수적으로 늘어나는 이유는 두 가지가 있습니다.”

직원들을 한 번 바라본 후, 그 이유에 대해 설명했다.

“첫 번째 이유는 준비기간이 적기 때문에 더 많은 금액을 불입해야 하는 것이죠. 너무도 당연한 이유입니다. 더 중요한 두 번째 이유는 바로 복리효과입니다. 복리란 이자에 다시 이자가 붙는 방식이라고 하죠? 복리효과에 대해 좀 더 자세히 설명해 드리겠습니다.”

화면에 두 개의 사과나무가 나타났다. 왼쪽에는 ‘지금 당장 100만 원’이라는 글씨가 새겨져 있는 사과가 열려 있고, 오른쪽에는 ‘1년 뒤 100만 원’이라는 글씨가 새겨져 있는 사과가 열려 있다.

“여러분은 이 두 개 중 어떤 것을 따실 겁니까? 바보가 아닌 이상 당연히 ‘지금 당장 100만 원’이라고 적혀 있는 사과를 따야 합니다. 지금 당장 100만 원을 받아 은행에 정기예금을 하면 1년 뒤에는 원금 100만 원 이외에 이자를 받으니까요.”

어느새 사람들은 고개를 끄덕였다.

“만약 1년 뒤에 돈을 받으신다면, 원금 100만 원에 추가로 얼마를 더 줘야 받으시겠습니까? 은행 이자율이 10%라면 최소한 110만 원을 받아야 하지 않을까요? 원금 100만 원에 이자 10만 원(100만 원×10%)을 덧붙여 받아야 하니까요. 그렇다면 한 가지 질문을 더 드리겠습니다. 지금 당장 100만 원을 받으시겠습니까? 아니면 2년 뒤 121만 원을 받으시겠습니까? 은행이자율이 10%라고 가정할 때 말입니다."

직원들은 골똘히 생각하기 시작했다.

"은행에 저축하는 방법 외에는 투자방법이 없다면 지금 100만 원을 받으나 2년 뒤 121만 원을 받으나 똑같습니다. 2년 뒤에는 원금 100만 원과 1년차 예치에 대한 이자 10만 원, 그리고 2년차 예치에 대한 이자 11만 원을 받기 때문입니다. 2년차 예치에 대한 이자가 왜 11만 원이냐고요? 1년차 이자 10만 원을 찾지 않았기 때문이죠."

'복리'에 대한 사람들의 관심이 큰 듯해서 좀 더 자세히 설명했다.

"1년차 이자 10만 원을 받아버린다면 2년차 이자는 그대로 10만 원입니다. 원금 100만 원에 대해서만 이자를 주기 때문이죠. 따라서 단리로 투자하면 2년 뒤 투자금액은 120만 원이 됩니다. 원금 100만 원+2년 치의 이자 20만 원이니까요. 그럼 2년간의 복리투자금액을 수식으로 간단하게 표현해 볼까요?"

100만 원×$(1+10\%)^2$=121만 원

"그렇다면 100만 원을 10% 수익률로 20년간 복리투자를 하면 얼마나 될까요? 눈치 빠른 분들은 금방 계산방식을 알아채셨죠? 673만 원입니다. 뒤에 연도 숫자만 20으로 바꿔주면 되는 거죠."

100만 원×$(1+10\%)^{20}$=673만 원

"100만 원을 10% 단리로 20년간 투자하면 300만 원이 됩니다. 원금 100만 원에 매년 이자 10만 원씩, 총 20년간 이자 200만 원을 받으니까 말이죠. 자, 여기서 한 가지 놀라운 점을 발견하셨나요? 단리와 복리의 차이는 시간이 지날수록 엄청납니다."

투자기간별로 단리와 복리의 차이를 나타내는 표와 그래프가 화면에 보였다.

단리투자 vs 복리투자 (단위: 만 원)

투자기간	1년	2년	5년	7년	10년	12년	15년	17년	20년	22년	25년	30년
복리투자금액	110	121	161	195	259	314	418	505	673	814	1,083	1,745
단리투자금액	110	120	150	170	200	220	250	270	300	320	350	400
배수	–	1.01	1.07	1.15	1.30	1.43	1.67	1.87	2.24	2.54	3.10	4.36

단리투자 vs 복리투자 (단위: 배)

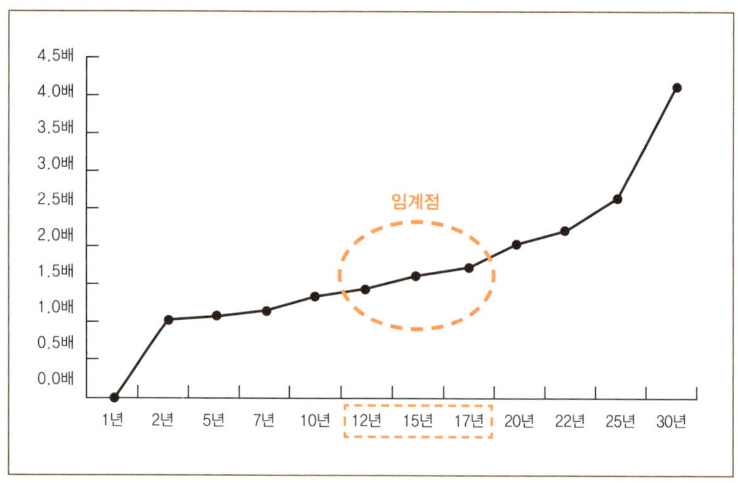

"투자기간 15년을 전후로 해서 단리와 복리의 차이가 급격히 커지는 것을 볼 수 있습니다. 이렇게 급격한 차이를 보이는 시점을 임계점이라고 부릅니다. 복리로 충분한 효과를 보기 위해서는 15년 정도의 시간이 필요하다는 말입니다. 정말 긴 시간이죠? 15년 넘게 투자한 금액을 전혀 찾아 쓰지 않고 기다린다는 건 생각만큼 쉽지 않습니다."

잠시 숨을 고른 뒤, 천천히 이야기를 이어갔다.

"우리 인간들은 돈에 관해서는 모두 사악하기 때문입니다. 투자 수익이 붙어 나무에 열매가 맺히면 따먹고 싶어 하거든요. 제 동생이 현직 목사님인데요, 목사님들도 돈에 대해서는 민감하더라고요……."

농담 섞인 말에 모두들 한바탕 웃음을 터뜨렸다.

"지금까지 퇴직시점에 얼마의 돈이 있어야 하는지, 그 돈을 모으기 위해서 매달 얼마의 돈을 모아야 하는지 설명했습니다. 그리고 돈을 모을 때는 단리가 아닌 복리로 모아야 효과가 크다는 것도 말씀드렸습니다. 이제 여러분의 결단이 필요합니다. 최소한으로 노후를 준비하더라도 모아야 할 금액은 결코 적지 않습니다."

진지한 표정으로 직원들을 바라보며 말했다.

"굳이 복잡한 계산을 하지 않아도, '안정된 노후를 위해서 매달 얼마 정도는 모아야겠구나!' 하는 계산들을 대략적으로 해봤을 겁니다. 이제 꾸준히 실행할 일만 남았습니다. 최소한 10~15년 이상 준비해야 합니다.”

비장한 각오의 실행을 요구하자, 몇몇 직원들이 농담 섞인 어조로 반문했다.

“교수님, 말씀은 쉽게 하시는데요, 모을 돈이 없어요.”

많은 직원들이 공감한다는 듯 웃었다.

‘강의를 듣는 사람마다 어쩌면 이렇게 똑같은 질문을 할까?’

강의할 때 이 대목만 되면, 돈이 없어 미래를 준비하기 어렵다는 자조 섞인 반문이 꼭 나왔다.

“돈이 없으시죠? 그럼 왜 돈이 없는지 우리 함께 고민해 볼까요?”

내 돈은 다 어디로 갔을까?

"얼마 전, 통계청이 발표한 2009년 9월 현재 도시지역 가구별 평균 소득, 지출내역표입니다. 경제활동을 하는 모든 연령의 평균이기 때문에 여러분과 차이가 있을 수 있으니, 그 부분은 고려해서 해석하시기 바랍니다. 소득은 월 390만 원이고, 소비는 월 307만 원으로 매월 82만 원 정도 저축하고 있습니다. 소득대비 21%를 저축하는 셈이죠. 참고로 가구 세대주의 평균연령은 45세입니다."

화면의 도표를 보며 이야기를 계속했다.

"여러분은 매달 소득의 몇 %정도를 저축하십니까? 30대 초반임을 감안하면 최소한 30% 이상은 저축해야 합니다."

직원들은 '말이 쉽지……' 하는 표정으로 나를 바라봤다.

도시 가구평균 소득/지출현황 (단위 : 원)

	항목	가구평균	비중
수입	근로소득	3,439,536	88.1%
	기타소득	463,162	11.9%
	소계	3,902,699	100%
지출	식료/외식비	672,105	21.8%
	주거/광열비	183,006	5.9%
	가구가사비	85,221	2.8%
	생활용품비	117,878	3.8%
	보건의료비	146,537	4.8%
	교육비	378,525	12.3%
	문화생활비	137,894	4.5%
	교통/통신비	437,810	14.2%
	이자비용 등	718,622	23.4%
	기타비용	199,453	6.5%
	소계	3,077,052	100%
저축		825,647	21%

(자료출처: 통계청 홈페이지)

"물론 아파트 관리비, 아이들 학원비, 부모님 용돈, 자동차 유지비, 부부 용돈과 대출이자를 내고 나면 솔직히 30% 이상 저축하기란 그리 녹록지않습니다. 혹시 여러분 중 월급이 입금되면 일주일도 되지 않아 대부분 없어지는 허무한 경험을 해보신 분 안 계십니까? 아~ 매달 경험하고 계시다고요?"

모두들 고개를 끄덕이며 웃음을 터뜨렸다.

"강의 전에 인사부 김 과장님께 여러분 연봉수준을 대략 여쭤봤습니다. 결코 적은 금액이 아니었습니다. 그런데 그 돈을 다 누가 빼앗아갔다는 말입니까? 우리의 소비성향에 큰 문제가 있습니다. 지금부터 꼼꼼히 분석해 보겠습니다.”

식료·외식비

“먼저 식료와 외식비를 살펴보겠습니다. 솔직히 한 달 쌀값, 반찬값이 얼마나 들겠습니까? 문제는 외식비입니다. 주말이면 맛집 찾아 드라이브 가시진 않습니까? 패밀리 레스토랑은 한 달에 몇 번이나 가십니까? 맛있는 고기집 1인분 가격이 얼마인 줄 아시나요? 4인 기준으로 그런 고기집에 가면 최소한 15만 원 이상 나옵니다. 외식 두세 번이면 한 달 부식비가 날아갑니다. 단골 정육점에 가서 한우 등심 사다가 집에서 구워 드십시오. 고기 굽는 법만 잘 알면 맛에 큰 차이도 없습니다.”

직원들이 공감하는 틈을 타, 바로 다음 이야기로 넘어갔다.

“패밀리 레스토랑은 왜 그렇게 자주 가십니까? 식사 후에는 늘 김치 생각이 나지만 즐거워하는 아이들을 보면 왠지 모르게 뿌듯하다고요? 차라리 그 돈을 아껴서 아이들 미래에 투자하는 게 좋지 않을까요?”

여기저기서 많은 부모들이 고개를 끄덕였다.

“한 가지만 더 말씀드리죠. 여러분은 1/n을 얼마나 자주하십니까? 아, 1/n이 뭐냐고요? 왜 있잖습니까? 친구들과 거하게 한잔하면, 다음 날 총무가 보내는 문자 말입니다. '15만 원, 내일까지 ○○은행 예금주 ○○○, 계좌번호 XXX-XX -XXXXX로 입금할 것' 이런 문자 한 번쯤은 받아보셨죠?"

모두들 찔린다는 표정으로 한바탕 웃었다.

"저는 체질적으로 술을 마시지 못합니다. 술 한 방울도 마시지 않고 1/n을 하자니 얼마나 돈이 아까운 줄 모르겠습니다. 친구들한테 제발 술집에서 그만 만나자고 해도 술에 맺힌 한이 뭐가 그리도 많은지 말을 듣지 않네요. 아, 술이 아니라 다른 데 맺힌 한이 있어서 그렇다고요?"

다시 한 번 모두들 한바탕 웃어댄다. 다들 1/n에 대한 경험이 있는 듯했다.

"외식비와 술값만 절반으로 줄여보세요. 한 달에 20~30만 원은 충분히 절약할 수 있을 겁니다."

생활용품비

"생활용품비를 한번 살펴볼까요? 아, 여기 여자 분이 계시네요. 어떤 화장품 쓰세요? 혹시 그 제품 사용하시나요? 설마 아니시죠?"

나는 TV에서 봤던 광고를 따라하며 분위기를 환기시켰다.

"여러분도 보셨을 거예요. 유명 여배우가 나와서는 '전 잡티 한 점도 용서할 수 없어요~' 이러면서 달랑 하나 있는 잡티에 화장품을 바르는 광고요. 피부 안 좋은 일반인들은 아무리 그 화장품을 얼굴에

들이부어도 광고 속 여배우만큼 피부가 좋아질 수 없어요. 피부 자체가 다르거든요."

피부 자체가 다르다는 말에 모두들 다시 한 번 폭소를 터뜨렸다.

"연구결과에 의하면 화장품 원료 차이는 그렇게 크지 않다고 해요. 브랜드 값이죠. 화장품 가격의 상당 부분이 광고, 유통비예요. 원재료 값이 아니고요. 화장품만 한두 등급 떨어뜨려도 한 달에 10만 원 정도는 금방 줄일 수 있습니다. 긍정적인 마인드를 유지하고 꾸준히 운동해서 몸 상태를 잘 유지해야 화장도 잘 먹는다는 거 아시죠?"

교육비

"자, 이번에는 문제의 교육비를 한번 해부해 볼까요? 여러분은 자녀를 위해 매달 얼마의 학원비를 지출하시나요? 2008년 강남구청 자료를 살펴보면 강남구 50%의 가정이 아이 한 명당 매달 100만 원 이상의 학원비를 쓰고 있답니다. 두 명의 자녀를 둔 가정은 학원비만 최소 200만 원입니다."

사교육의 심각성을 보여주듯 분위기가 조용해졌다.

"강남, 목동, 분당, 일산에 가면 특목고 대비 학원이 정말 많습니다. 월 수강료가 장난 아닙니다. 혹시 버블세븐 지역에 있는 중학교가 한 반에 몇 명이나 특목고에 보내는지 아세요? 참고로 요즘 중학교 한 반의 학생 수는 40명이 채 안 됩니다."

잠시 시간을 준 뒤, 강의를 이어갔다.

"학교마다 차이는 있지만 한 반에 1~3명 정도 특목고에 진학합니다. 그런데 반에서 15등, 20등하는 자녀를 왜 특목고 대비 학원에 보냅니까? 그냥 일반 고등학교 보내는 게 자녀 정신건강에 훨씬 좋습니다. 제가 보기엔 다 부모님 욕심입니다. 차라리 그 학원비를 애들 미래를 위해 저축하는 게 백번 낫습니다."

부모들에게는 다른 어떤 이야기보다도 현실적인 이야기였다.

"유명학원에 애들을 밀어 넣는다고 공부를 잘하는 게 아닙니다. 기본적으로 공부를 즐겨야 합니다. 제 직업이 대학교수이다 보니, 학기 초에 신입생들 수업 몇 번만 해보면 몇 개월 뒤 그 학생들 학점이 눈에 훤히 보입니다. 될 놈들은 떡잎부터 다르다니까요?"

강의장은 다시 웃음바다가 되었다.

"여러분은 어떻습니까? 아직 중고생 자녀가 없다고요? 그럼 아이들을 영어유치원에 보내거나 영어학원 몇 개씩 보내는 분 손 한번 들어보세요."

몇몇 직원들이 눈치를 보며 손을 들려고 하는 순간, 웃으며 말했다.

"아니, 실제로 손들라는 게 아니고요. 마음속으로 들어보세요. 옆 사람 눈치 보이잖아요."

직원들이 모두들 웃는 사이, 계속 이야기를 이어갔다.

"아파트의 아줌마 문화가 잘 발달된 동네일수록 교육열이 참 높습니다. 좀 여유가 되면 한 달에 50~100만 원쯤 하는 영어유치원에 보내고, 그렇지 않더라도 영어학습지에 학원까지 자녀들 영어교육에 참 공을 들입니다. 그런데 혹시 아이들이 영어학원에서 돌아오면 학원교재를 같이 공부하시나요? 아니면, 배운 내용을 활용하여 일상생활에서 영어를 쓰시나요?"

사람들은 '회사 일만도 정신 없는데 무슨 소리야?' 하는 표정이 역력했다.

"그런 부모님들은 별로 없을 겁니다. 그냥 매일 학원에 보내고 영어학습지 시키면 다 되는 줄 알죠. 저도 마찬가지였습니다. 영어학습지도 시키고 학원도 보냈지만 맞벌이한다는 핑계로 공부를 봐주지는 못했죠. 그러다 작년부터는 학습지 하나만 하고 학원을 모두 끊었습니다. 대신 제가 아이의 영어공부를 봐주고 있습니다. 교재에 나오는 간단한 표현은 일상생활에서 직접 써보기도 하고요."

직원들은 대단하다는 듯 나를 바라봤다.

"신기한 건 영어학원 안 다니고 외국인을 집에 안 불러도 아이의 영어실력이 좋아진다는 겁니다. 더 놀라운 것은 영어학습지를 같이 공부하면서 제 듣기실력도 몰라보게 늘었다는 거예요. FM 101.3이 영어교통방송인데 운전하다가 깜짝 놀랐어요. 영어방송이 막 들리더라니까요……."

과장된 이야기라는 듯 직원들이 웃었지만, 정말 사실이었다. 부모가 조금만 노력하면 큰돈을 들이지 않아도 교육효과를 높일 수 있다.

"오프라인 영어학원의 절반가격인 영어학습지만으로도 얼마든지 자녀의 영어실력을 늘릴 수 있습니다. 또 한 가지, 웬만한 초등학교는 방과 후 학교에 원어민영어과정이 있습니다. 일반학원과 별반 차이가 없습니다. 하지만 가격은 절반도 안 되죠. 무조건 학원에만 보내지 말고 가까이에서 직접 보시면서 도와주세요. 아이들과의 관계도 훨씬 좋아지고 성적도 오를 겁니다."

문화생활비

"이제 문화생활비에 대해서 생각해 볼까요? 여러분은 어떤 문화생활을 즐기시나요? 제 친한 선배는 요트타기가 취미입니다. 가끔씩 만나면 돛이 부러져서 200만 원 주고 새로 샀다는 둥, 뭘 바꿨다는 둥 별말을 다합니다. 요트가 하도 커서 잠실선착장에 요트 보관 컨테이너가 따로 있대요. 1년 사용료가 200만 원이랍니다. 그 선배가 갑부 아들이냐고요? 아닙니다. 갑부 아들인 친구들이 많지요."

이번에도 모든 사람들이 한바탕 웃음을 터뜨렸다.

"여러분은 요트를 안 타신다고요? 혹시 그럼 골프는 안 치시나요? 요즘 골프연습장이나 필드에 가보면 젊은 친구들이 참 많이 치러 와요. 연습장 비용이야 크게 들지 않지만 라운딩하려면 돈이 정말 많이 들잖아요. 주말에 골프 치러 가면 22만 원 이상 들어요. 내기하면서 잃는 돈에 기름값까지 생각하면 최소 30만 원은 있어야죠. 그런데 한 달에 2번 라운딩하는 젊은 층이 꽤 많아요. 라운딩 비용만 한 달에 60만 원이 깨지는 겁니다."

직원들은 골프를 즐기는 젊은 층이 많다는 것에 꽤 놀란 듯했다.

"거기서 끝날까요? 아마추어 골퍼의 90% 이상은 슬라이스 때문에 고생합니다. 제대로 스윙하지 않기 때문이죠. 그러고는 장비 탓을 하며 60만 원이나 하는 드라이버를 자주 바꾸곤 합니다. 골프채 지름신이 강림하신 거죠."

골프채 지름신 이야기를 하자 많은 직원들이 배꼽을 잡고 웃었다.

"저도 골프를 즐깁니다. 술을 한 방울도 마시지 못하다 보니 유일한 사치이자 스트레스 해소방법이지요. 제가 드라이버를 치면 몇 야드나 날아갈까요? 보시다시피 몸무게 68킬로의 호리호리한 체형입니다. 제 평균 드라이버 거리는 270~280야드입니다. 마음먹고 치면 300야드도 칠 수 있습니다. 제 드라이버는 15만 원 주고 산 중고채입니다."

300야드의 드라이버를 친다는 내 말에 모두들 놀랐다. 어떤 직원은 거짓말이라도 한다는 표정이다.

"골프를 시작하셨다면 어쩔 수 없습니다. 그냥 치십시오. 지금 와서 그만두기에는 너무 재미있는 운동이거든요. 하지만 제발 효과적이고 경제적인 골프를 즐기시기 바랍니다. 나쁜 스윙으로 절대 라운딩 자주 가지 마십시오. 스위트스팟에 볼을 제대로 맞추는 좋은 스윙을 필드에서 익히려면 시간과 돈이 너무나 많이 듭니다. 좋은 스윙을 연습하면서 한 달에 한 번 또는 두 달에 한 번 정도 필드에 나가서 샷 점검만 하십시오."

나는 골프에 대한 조언과 함께 경제적인 취미생활에 대한 당부도 잊지 않았다.

"여러분, 가능하면 경제적으로 어느 정도 안정될 때까지 돈이 많이 드는 취미는 갖지 마세요. 지금부터 시작해도 10년 안에는 경제적인 안정을 찾을 수 있습니다."

자동차비용

"마지막으로 자동차에 대해 생각해 보겠습니다. 여러분이 지금 타고 있는 승용차는 얼마짜리입니까? 새 차를 구입하셨나요? 아니면 중고차를 구입하셨나요?"

모두 자신의 차를 생각하는지 잠시 생각에 잠겼다.

"경제적으로 안정되기 전까지는 절대 중형 이상의 새 차를 사지 마십시오. 차를 사고 3년 반만 지나면 산 가격의 50% 수준으로 가격이 떨어집니다. 만약 2,800만 원짜리 2,000cc 중형승용차를 구입했다면 3년 반 뒤에 1,400만 원으로 가격이 떨어집니다. 1년에 400만 원, 한 달에 33만 원씩 승용차 때문에 날린 셈입니다. 차가 꼭 필요하다면 나온 지 3년쯤 된 소형 중고차를 취득하십시오. 700~800만 원이면 살 수 있고, 매달 기름값에 세금도 대폭 줄어듭니다. 요즘 차들은 워낙 성능이 좋아서 3년쯤 되더라도 6~7년 충분히 더 운행하고도 남습니다."

뭔가 시무룩해진 직원들을 보며 이야기를 계속했다.

"중고차는 왠지 문제가 있을 것 같아서 불안하신 분들도 많으시죠? 중고차 거래시스템을 잘 알아보면 믿을 만한 중고차 고르기도 어렵지 않습니다.”

“지금까지 외식비, 술값, 화장품값, 학원비, 문화생활비, 자동차에 대해 살펴보았습니다. 이 모든 항목에 해당된다면 집에 가서서 두 손 들고 반성하시기 바랍니다. 몇 개 항목에만 해당되더라도 습관만 조금 고치면, 한 달에 40~50만 원 정도는 쉽게 아낄 수 있습니다. 제가 언급하지 않은 부분에서도 과소비의 위험이 도사리고 있고요. 과소비를 줄일 수 있는 가장 좋은 방법은 한 번에 2만 원 이상 지출할 때마다 정말로 필요한 지출인지 마음속으로 3번 이상 고민하는 것입니다. 그래야 매달 카드결제할 때 후회하지 않습니다.”

내가 하는 이야기를 꼼꼼하게 메모하는 직원들을 보며 격려의 말도 덧붙였다.

“모든 항목에 대해 알뜰하게 실행하고 있다면 정말 잘하고 계신 겁니다. 10년만 참으십시오. 그 이후에는 쓰고 사셔도 됩니다. 보다 나은 미래를 위해 젊었을 때 조금 참는 거라 생각하세요.”

말은 쉽지만 실천이 어렵다는 걸 알기에 좀 더 따뜻한 말투로 이야기를 계속했다.

“여러분 중에는 제 말에 동의하지 않는 분들도 있겠죠. 대학 졸업

은행

하고 어렵게 입사한 회사에서 고생만 하다가, 자리도 잡고 연봉도 좀 올라서 이제 좀 살 만한데 즐길 건 즐겨야 하는 거 아니냐고 반문하고 싶을 겁니다. 돈을 전혀 쓰지 말자는 것이 아닙니다. 합리적인 소비를 하자는 거죠. 이런 격언이 있습니다. '노세 노세 젊어서 노세!', '젊어 고생은 사서도 한다!', 젊어 노는 것도 중요하지만 보다 나은 미래를 위해서는 젊어서 고생하는 것도 피할 수 없는 현실이라는 걸 기억하세요."

마지막 당부의 말을 마치면서 시계를 바라보니 10시 50분이었다.
"10분간 휴식하고 11시에 다시 시작하겠습니다. 마지막 시간에는 노후를 위해 가입할 만한 금융상품과 운용방법에 대해 살펴보겠습니다."

은퇴 준비 How-To

"자, 이제 마지막 시간입니다. 힘드시겠지만 조금만 더 참고 집중하시기 바랍니다. 이번 시간에는 노후를 위해 가입할 만한 금융상품과 운용방법에 대해 살펴보겠습니다."

화면에 거북이 한 마리와 토끼 한 마리가 달리기 시합 출발점에서 신호를 기다리고 있다. 곧이어 출발 총소리와 함께 토끼는 깡충깡충 달렸고, 거북이는 느릿느릿 걷기 시작했다.

얼마쯤 달리던 토끼는 까마득히 뒤쳐진 거북이를 보고는 바위에 잠깐 누웠다가 잠이 들었다. 그 사이 거북이는 묵묵히 걸음을 재촉했고 결승점에 도착했다. 한참이 지나서야 토끼는 눈을 떴고, 방심한 사이 경주가 끝났음을 알고 발을 동동 구르며 아쉬워했다.

"여러분이 잘 아시는 토끼와 거북이 이솝우화입니다. 갑자기 생뚱

맞은 화면인가요? 제가 보기에는 많은 사람들이 똑같은 실수를 저지릅니다. 빨리 돈을 벌고 싶지만 벌기는커녕 주식투자로 거액을 날리곤 하죠. 큰돈을 벌려는 욕심을 갖기 이전에 기본적인 노후생활을 위한 안정적인 금융상품에 먼저 가입하십시오. 그리고 세상이 두 쪽이 나는 한이 있어도 매월 꾸준히 불입하셔야 합니다."

자세한 예를 들며 이야기를 끌어갔다.

"수익률 5%짜리 금융상품에 15년간 매월 50만 원씩 불입했다가, 10년을 더 예치한 후 25년 뒤에 찾는 금융상품에 가입했다고 합시다. 수익률은 낮고 기간은 길다 보니 답답한 마음이 들겠죠. 때마침 종합주가가 연일 상승한다느니, 부동산가격이 폭등한다느니 하는 기사라도 난무하면 어떨까요? 붓고 있는 걸 해약해서 주식투자라도 하고픈 욕심이 생기는 것이 보통 사람들의 마음입니다."

잠시 화면을 바라본 후 말을 이었다.

"노후를 위해서는 토끼가 아니라 거북이 같은 모습이 필요합니다. 처음 몇 년간은 이익금이 붙지 않는 것 같지만 10년이 지나고 15년이 가까워오면 복리효과에 의해 꽤 많은 이익금이 붙을 겁니다. 묵묵히 걸어가던 거북이가 결승점에 도착하는 것처럼 말이죠. 15년간 5% 수익률로 매월 불입한 50만 원은 15년 뒤 1억 4,000만 원으로 불어나고, 10년간 더 예치하면 2억 2,000만 원이 됩니다."

돈의 액수가 커지자, 직원들의 집중도도 높아졌다.

"퇴직시점에 2~3억 원 정도의 목돈과 퇴직금, 65세부터 받는 국민연금 정도면 최소한 노후에 먹고 사는 데는 지장이 없습니다. 이게 바로 여러분의 노후를 책임지는 귀중한 보물입니다."

잠시 숨을 고르고 강의를 다시 진행했다.

"제가 아는 분 중에는 주식으로 있는 돈 모두 날리고, 퇴직 후 사업한다고 퇴직금을 몽땅 날린 경우도 있습니다. 주식투자를 하든지, 사업을 하든지 간에 노후를 위한 최소한의 양식은 남겨둬야 한다는 기본을 무시한 처사입니다. 이솝우화의 토끼와 다를 바가 없지요."

포인터의 버튼을 누르며 다음 주제로 넘어갔다.

"여러분의 노후를 책임질 금융상품들을 하나씩 살펴보겠습니다."

3층 구조의 피라미드 그림 한 장이 나타났다. 버튼을 한 번 더 누르자 피라미드 맨 밑에 공적연금이라는 글자가 날아와 채워지고, 퇴직연금, 개인연금이라는 글자가 차례로 날아와 피라미드를 채웠다.

"3가지 연금으로 풍요로운 노후생활을 보장받을 수 있습니다."

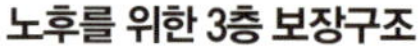

노후를 위한 3층 보장구조

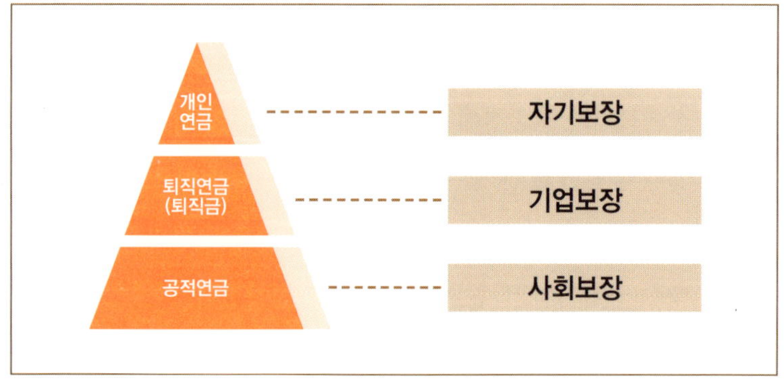

"첫 번째가 공적연금입니다. 공적연금은 국민연금과 특수직연금으로 나뉩니다. 일반직장인이나 자영업자들이 가입하는 것이 국민연금이고, 공무원, 군인, 교직원이 가입하는 것이 특수직연금입니다. 국민연금은 1988년 1월 처음 도입되어, 소득이 있는 직장인과 자영업자가 최저생계를 위해 의무적으로 소득의 9%를 납부합니다. 최저생계란 얼마를 말하는 걸까요? 국민연금관리공단의 연금지급계획을 살펴보겠습니다."

지난 시간에 봤던 예상연금 수령액이 다시 나타났다.

예상연금 수령액 (단위: 원)

가입기간 중 기준 월 소득	연금불입액 (9%)	가입기간				
		10년	15년	20년	30년	35년
1,060,000	95,400	163,350	238,610	309,600	446,440	514,860
1,560,000	140,400	193,190	282,210	366,160	528,000	608,920
2,080,000	187,200	224,230	327,540	424,990	612,830	706,750
2,540,000	228,600	251,690	367,650	477,020	687,870	793,290
3,600,000	324,000	314,960	460,070	596,940	860,780	992,700

(자료출처: 국민연금관리공단 홈페이지)

"여러분이 20년간 매월 32만 4,000원, 배우자가 10년간 18만 7,200원을 매월 불입했다면, 여러분 몫으로 월 59만 6,940원, 배우자 몫으로 22만 4,230원, 총 82만 원 정도를 죽을 때까지 받습니다. 연금지급은 기본적으로 가입기간 중 기준 월 소득의 일정률을 지급하는 구조입니다. 이를 소득대체율이라고 합니다. 10년을 가입한 경우의 소득대체율은 평균 10%, 20년을 가입한 경우 20%, 30년을 가입하면 30% 수준입니다. 문제는 이 소득대체율이 앞으로 지속적으로 낮아진다는 겁니다. 좀 전에 남편과 아내 몫으로 총 82만 원 정도의 수령액이 예상되었지만, 실제로 20~30년 뒤에는 20% 이상 줄어들 겁니다."

갑자기 사람들의 표정이 어두워졌다.

"한 가지 참고할 사항은 국민연금제도는 물가가 오르면 그에 따른 연금도 올려서 줍니다. 하지만 국민연금이 고려하는 물가상승은 통계자료에 의한 명목상 물가일 뿐 실질 장바구니 물가는 아닙니다."

직원들의 눈치를 보아하니 이제 국민연금은 믿을 수 없다는 생각을 하고 있는 듯했다.

"혹자는 '앞으로 20~30년이 지나면 국민연금이 고갈되기 때문에 우리가 지금 불입하는 연금은 세금하고 똑같아. 결국 돌려받지 못할 거야.'라고 말하기도 합니다. 하지만 국민연금 고갈로 한 푼도 못 받는 일은 있을 수 없습니다. 다만 지급액은 대폭 줄어들고 불입액은 늘어나겠죠."

모두들 침묵을 지키며 강의를 듣고 있었다.

"국민연금과 정기적금을 비교하는 분들도 있습니다. 국민연금을 불입하느니 차라리 정기적금을 드는 게 더 낫다는 거죠. 하지만 국민연금은 예금처럼 불입한 금액에 대해 일정 이자를 받는 저축이 아닙니다. 젊은 세대가 나이든 세대를 부양하는 효도의 개념이며, 고소득층은 좀 더 내고 저소득층은 좀 더 받는 기부의 의미가 있습니다. 부부가 오래 살수록 유리한 사회부양의 개념도 있죠. 국가가 책임져야 하는 노인층과 저소득층에 대한 부양의무를 우리에게 전가한다고 볼 수도 있습니다. 정리하면 국민연금은 예상 수령금액의 50%만 기대하자. 결국 최저생계만 보장하는 수준입니다."

이번에는 특수직연금에 대한 설명을 시작했다.

"특수직연금 수령자는 상황이 꽤 양호한 편입니다. 20년 이상 근속한 공무원, 군인, 교직원들이 퇴직 후 받는 금액은 국민연금에 비해 엄청나거든요. 20년을 불입한 경우 퇴직 전 3년 평균 급여의 50%를 지급합니다. 20년 초과 시 1년당 2%씩 가산해 33년을 불입한 경우에는 퇴직 전 3년 평균급여의 86%를 죽을 때까지 지급하고요. 현재 33년을 불입한 경우 200~350만 원 정도의 연금을 받습니다."

강의를 듣던 직원들은 부러운 표정을 지었다.

"기본적으로 국민연금 가입자들에 비해 불입기간이 엄청 길고, 불입액도 많기 때문입니다. 그러다 보니 복리효과를 톡톡히 보는 거죠. 혹시 배우자 분이 공무원이나 교직원이라면 지금부터라도 잘하세요. 퇴직 후에 용돈이라도 타 쓰려면 말입니다."

한바탕 웃고 나니 도표가 한 장 나타났다.

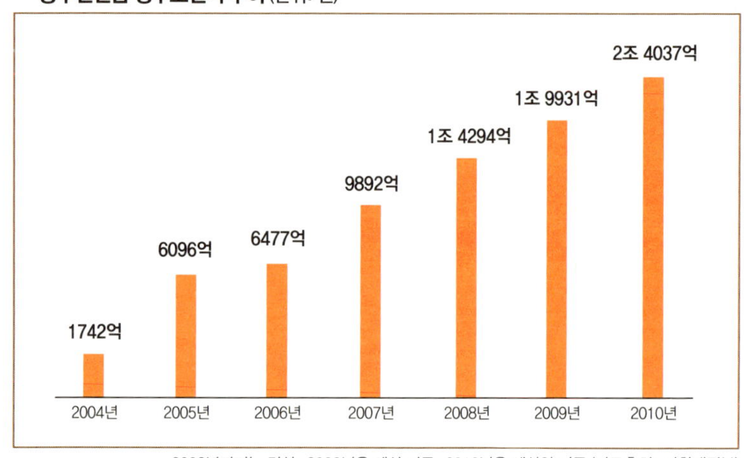

2008년까지는 결산, 2009년은 예산 기준, 2010년은 예산안 기준 (자료출처: 기획재정부)

"이것은 공무원연금에 대한 정부보전액입니다. 2009년 한 해에만 2조 원을 메워줘야 합니다. 이쯤 되니 국민연금 가입자들이 특수직연금 개혁을 요구했고, 지난 몇 년간 오랜 논의가 진행되었습니다. 그리고 2009년 12월 31일, 국회에서 공무원연금법 개정안이 통과되었습니다. 공무원연금과 같은 특수직연금을 받는 분들도 더 많은 보험료를 불입하고, 은퇴 후에는 연금을 덜 받게 되었습니다. 연금수령도 60세에서 65세로 5년 미뤄졌고요. 이제는 특수직연금 수혜자라 하더라도 보다 나은 미래를 위해 추가로 연금을 준비해야 할 때입니다."

퇴직연금-기업보장

"두 번째로 퇴직연금, 퇴직금에 대해서 살펴보겠습니다. 아시는 것처럼 1년씩 근무할 때마다 근로기준법에 따라 회사는 최소한 한 달 치의 월급을 적립했다가 퇴직할 때 지급합니다. 여러분이 20년을 근무했다면, 퇴직금으로 20개월 치의 월급을 받는 거죠. 기준이 되는 월급은 퇴직 직전의 급여입니다. 기본 월급은 퇴직 직전 3개월 치를 평균하고, 보너스는 직전 1년 치를 평균해서 계산하죠. 20년을 근속했고 퇴직시점의 평균 월급이 500만 원이라면 20×500만 원, 즉 1억 원의 퇴직금을 받게 됩니다."

퇴직금은 보너스의 개념이 아닌 잘 관리해야 하는 중요한 돈이라는 것을 강조하기 위해 설명을 계속했다.

"최근 모 취업 사이트의 조사에 따르면 대기업에 20년 이상 근속한 직원의 평균 퇴직금이 1억~1억 5,000만 원이며, 중소기업은 5,000~8,000만 원이라고 합니다. 문제는 이 퇴직금을 사람들이 너무 우습게 생각한다는 겁니다. 특히 연봉제가 시행되면서 많은 직장이 퇴직금을 매년 월급에 더해서 지급하기도 하고, 젊은 세대들은 직장을 자주 옮기면서 몇 년에 한 번씩 퇴직금을 받기도 합니다."

또 다시 고개를 끄덕이는 직원들이 몇몇 보였다.

"이분들이 퇴직금을 미리 받으면 퇴직 후를 대비해 은행에 묻어둘까요? 대부분 써버리죠. 연봉제인 분들은 퇴직금을 받았다는 사실조차 인식하지 못합니다. 이직하면서 퇴직금을 받은 분들은 이게 웬 공

돈이냐 하면서 가구도 바꾸고 차도 바꾸고요.”

열심히 강의를 듣는 직원들을 바라보며 질문을 던졌다.

“여러분은 그런 경험 없으십니까? 2000년을 전후로 해서 퇴직금 중간정산제도가 한동안 유행했습니다. 퇴직금은 퇴직 시점의 급여를 기준으로 지급하다 보니 회사 입장에서는 부담이 꽤 큽니다. 퇴직할 즈음에는 월급이 많이 올라가잖아요. 그래서 중간정산을 하거나 퇴직금을 해마다 받으면 금액이 줄어들게 됩니다. 그런데도 돈을 미리 받으니 기분 좋게 생각하는 사람들이 너무 많습니다.”

조금만 더 멀리 미래를 바라본다면 훨씬 현명한 선택을 했을 텐데 하는 아쉬움이 들었다.

“참으로 안타까운 일입니다. 이쯤 되자 2005년 12월, 정부가 새로운 제도를 도입했습니다. 바로 퇴직연금제도입니다. 퇴직금을 연금처럼 사용하면 다양한 세금혜택을 주는 제도로, 미국과 같은 선진국은 이미 20년 전에 도입한 제도죠. 회사가 퇴직연금제도를 도입하게 되면 여러분에게 지급할 퇴직금을 은행, 증권, 보험회사 같은 금융기관에 예치합니다. 예치된 돈은 예금과 같이 안정적으로 운용될 수도 있고, 주식과 같이 위험하게 운용될 수도 있습니다.”

나는 좀 더 자세히 설명했다.

“운용책임을 회사가 지면 확정급여형(DB형)이라 부르고, 퇴직금을 받게 될 여러분이 지면 확정기여형(DC형)이라고 부릅니다. 회사가 확정급여형(DB형) 제도를 도입했다면, 여러분이 받게 될 퇴직금은 이 제도 없이 그냥 받게 될 퇴직금과 별반 차이가 없습니다. 회사가 알아서 책임지고 운용했으니까요. 다만 퇴직금을 외부 금융기관에 예치했다가 나중에 10~20년 동안 연금으로 받는 겁니다.”

이번에는 확정기여형에 대한 설명을 이어갔다.

“반면, 회사가 확정기여형(DC형) 제도를 도입했다면 여러분이 받게 될 퇴직금은 이 제도 없이 그냥 받게 될 퇴직금과 차이가 나게 됩니다. 해마다 퇴직금을 미리 받아 주식, 채권, 예금 등으로 운용했기 때문입니다. 만약 확정기여형(DC형)에 가입한 기간 내내 주가가 상승했고, 주식형에 높은 비중을 두고 퇴직연금을 운용했다면 꽤 높은 수익이 발생하겠죠. 확정기여형(DC형)의 경우도 10~20년 동안 연금으로 수령하게 됩니다.”

아직 퇴직연금을 잘 모르겠는지 고개를 갸웃거리는 사람들이 많았다.

“2005년 말 퇴직연금이 도입된 이후 아직은 일부 기업만 이 제도를 도입하였습니다. 제도를 도입한 대부분 회사가 확정급여형(DB형)을 선택했고요.”

이번에는 개인계좌에 대한 이야기로 넘어갔다.

“그런데 한 회사에 오래 근무하는 것이 아니라 몇 년마다 회사를 계속 옮기면 어떻게 될까요? 이를 위해 개인퇴직계좌(IRA, Individual Retirement Account)라는 제도가 있습니다. 여러 회사에서 퇴직할 때마다 받은 퇴직금을 IRA 계좌에 그대로 예치했다가, 은퇴한 후에 계좌에 모인 돈을 10~20년간 연금으로 받는 거죠. 물론 퇴직연금, IRA 모두 퇴직시점에 퇴직금처럼 일시금으로 받아 쓸 수도 있습니다. 이럴 경우에는 세제혜택을 받지 못합니다.”

퇴직연금에 대한 설명을 마치며 당부의 말도 잊지 않았다.

“이 제도는 노후를 위해 지급되는 퇴직금을 사람들이 모두 써버리는 걸 막아 국민연금의 부족한 노후보장기능을 보완하기 위한 겁니다. 회사가 퇴직연금제도를 도입했는지에 관계 없이 퇴직금은 은퇴 후 여러분의 노후를 책임지는 귀중한 보물임을 잊지 마십시오.”

개인연금-자기보장

“마지막으로 개인연금에 대해 살펴보겠습니다. 개인연금은 말 그대로 여러분이 개인적으로 금융기관을 통해 가입하는 겁니다. 크게 은행의 연금신탁, 증권회사의 연금펀드, 보험회사의 연금보험으로 나뉩니다. 먼저 은행의 개인연금부터 살펴볼까요?”

연금신탁의 종류와 운용방법, 수익률이 화면에 나타났다.

“은행의 개인연금은 2001년 이전에는 ‘개인연금신탁’이라는 이름으로 팔리다가 2001년 이후부터는 ‘연금신탁’이라는 이름으로 팔리고 있습니다. 주로 대출, 국공채, 통안채, 우량 회사채에 투자하는데 일부 연금신탁은 10% 범위 내에서 주식에 투자하기도 합니다.”

화면의 수익률을 보며 자세한 이야기를 계속했다.

“2000년 이전에는 연 10%가 넘는 수익률을 달성했지만 요즘은 연 4% 수준입니다. 최근 몇 년간 대부분의 연금신탁은 정기예금 이자율보다 낮은 수익률을 내고 있죠. 그래서 은행의 연금신탁을 증권회사 연금펀드로 갈아타는 경우가 종종 있습니다. 연금신탁은 만 18세 이상이 가입할 수 있고, 최소 10년 이상 불입해야 합니다. 만 55세 이후에 5년 이상 연금형태로 지급받아야 하고요.”

두 번째로 증권사의 연금펀드에 대해 설명했다.

“연금펀드는 펀드를 연금처럼 지급하는 것입니다. 주식, 국공채, 채권에 투자하는데 주식비중이 높을수록 수익률 변동도 큽니다. 2001년 이후 주식시장의 호황으로 혼합형 연금펀드도 연평균 수익률이 10%를 넘을 만큼 상황이 좋았지만, 글로벌 금융위기가 있던 2008년에는 20%가 넘는 손실을 기록하기도 했습니다.”

이어서 가입조건에 대한 설명도 덧붙였다.

“연금펀드도 연금신탁과 마찬가지로, 만 18세 이상이면 가입이 가능하며 최소 10년 이상 불입해야 합니다. 적립기간 종료 후 만 55세 이후에 5년 이상 연금형태로 지급받는 것도 동일합니다. 은행에서 판매 중인 연금펀드의 최근 3년간 수익률을 알아볼까요?”

연금펀드의 최근 수익률 (기준: 2009년 12월)

구분	주식형	혼합형	채권형
2009년 수익률	60%	25%	6%
최근 3년 평균 수익률	8%	8%	4.5%

"글로벌 금융위기로 폭락했던 주식시장이 회복되면서 2009년에 주식형은 무려 60%, 혼합형과 채권형도 각각 25%, 6%의 수익률을 달성했습니다. 하지만 주가가 폭락했던 2008년의 영향으로 2007년부터 2009년까지의 3년간 평균수익률은 주식형, 주식혼합형 모두 8%이고 채권형은 4.5%입니다. 주식형, 혼합형 연금펀드는 3년간 평균수익률이 8%로 같지만, 주식시장이 상승한 2009년에는 주식형 수익률이 60%로 혼합형의 25%보다 훨씬 높습니다."

직원들에게 질문을 하나 던졌다.

"우리의 노후생활을 위해서는 주식형 연금펀드가 좋을까요? 아니면 혼합형 연금펀드가 좋을까요?"

앞쪽에 앉은 직원 한 명이 대답했다.

"혼합형이 좋지 않을까요? 주식형은 좀 불안한 것 같아요."

"맞습니다. 여러분의 노후를 책임져야 할 연금펀드는 주식비중 40% 안팎의 비교적 안정적인 혼합형으로 가입하는 것이 바람직합니다."

메모하는 직원들을 바라보며 연금보험에 대한 설명으로 넘어갔다.

"마지막으로 연금보험은 보험사가 약속한 공시이율을 적용해 적립한 금액을 고객과 약정한 시점부터 연금의 형태로 지급하는 상품입니다. 연금신탁(은행)이나 연금펀드(증권사)와 달리 사망, 사고에 대한 보장부분을 추가할 수 있을 뿐 아니라 지급방식도 다양합니다. 연금신탁이나 연금펀드가 은퇴 후 5년, 10년 이런 식으로 확정기간

동안 지급하는 대신, 연금보험은 확정기간지급, 종신지급, 상속지급 등 여러 가지 방법으로 지급합니다."

지급방법에 이어 공시이율도 자세하게 설명했다.

"공시이율에 대해 알고 계신가요? 이것은 일종의 변동금리입니다. 시중금리가 바뀌면 공시이율도 바뀌죠. 다만 일본처럼 이자율이 거의 제로에 가까워지면 가입자가 손해를 볼 수 있기 때문에 최저로 보장하는 이자율이 있습니다. 최저보증이율이라고 하죠. 대부분 연금보험은 공시이율이 5% 정도이고, 최저보증이율은 가입 후 10년 이내 2.5%, 가입 후 10년 이후 2% 정도입니다. 이자율이 계속 떨어지면 최저보증이율 2%를 적용해 공식적인 물가상승 정도만 커버하는 거죠."

직원들은 '겨우 2%?'라는 표정으로 이야기를 듣고 있었다.

"10년 전만 해도 확정이율 9%짜리 연금보험이 있었습니다. 그때 가입한 사람들은 지금 9%의 높은 이자를 받고 있습니다. 하지만 그 연금보험에 가입한 사람들은 생각보다 많지 않았습니다. 당시 정기예금 이자율이 10%를 넘었기 때문에 확정형 연금보험에는 큰 관심을 두지 않았거든요. 지금도 많은 분들이 2% 최저보증이율을 우습게 생각합니다. 하지만 10~20년 뒤 우리나라 금리가 일본처럼 0%에 가까워질 수도 있기 때문에 무시할 일은 아닙니다."

이어서 최근에 나온 변액연금보험에 대해서도 설명했다.

"최근에는 한층 더 높은 수익을 추구하기 위해 주식이나 채권에 투자하는 변액연금보험이 나왔습니다. 연금보험처럼 확정된 금액을 연금으로 지급하는 것이 아니라, 투자수익률에 따라 변동된 금액을 지급합니다. 그래서 변액이라는 용어를 붙인 거죠. 연금보험과 펀드를 합쳐놓은 상품이라고 보시면 됩니다. 어떤 펀드에 투자할지는 FP와 상의해 고객이 정할 수 있고, 가입기간 중 시장상황에 따라 변경할 수도 있습니다. 보통 주식형, 채권형, 혼합형, 예금형, 브릭스형 등 10개 정도의 펀드 중 선택하시면 됩니다."

강의를 듣고 있는 직원들이 혹시라도 너무 공격적인 투자를 할까봐 주의할 점도 덧붙였다.

"한 가지 주의할 점은 변액연금보험도 연금이라는 사실입니다. 여러분의 노후를 책임진다는 말이죠. 따라서 혼합형으로 투자하되 주식비중 50% 미만으로, 보수적 운용을 하는 것이 좋습니다."

직원들을 바라본 후, 또 다시 질문을 하나 했다.

"여러분, '경험생명표'라는 말을 들어보신 적 있나요? 경험생명표란, 생명보험사에서 과거부터 현재까지 가입된 고객들의 평균연령 등의 통계치를 바탕으로 만든 표입니다. 보통 3년 주기로 작성되죠. 중요한 것은 이 경험생명표가 종신형 연금보험의 보험료 책정에 활용된다는 겁니다. 평균수명이 늘어나면 종신형 연금보험의 지급액도 늘어나니까 보험료를 인상해야 하기 때문이죠."

경험생명표에 대한 이야기는 처음 듣는 듯한 직원들도 있는 것 같았다.

"연금보험과 변액연금보험을 종신지급형으로 가입하는 경우, 가입시점의 경험생명표를 적용하기 때문에 경험생명표가 새로 발표되기 전에 가입하는 것이 유리합니다. 새로 작성될 때마다 보통 3~4년씩 평균수명이 늘어나서 보험사가 종신지급형 연금의 보험료를 인상하거든요. 물론 10년, 20년 이런 식으로 정해진 기간 동안 연금을 지급하는 확정형의 경우는 경험생명표와 무관합니다."

"설명을 듣고 보니 좀 복잡한 것 같죠? 그럼 지금까지 강의한 내용을 바탕으로 여러분이 실행할 수 있는 구체적인 방법을 제시해 드리겠습니다."

직원들은 메모할 준비를 하며 더욱 집중했다.

"먼저, 국민연금관리공단 홈페이지에 로그인해서 은퇴시점에 여러분과 배우자 분의 예상 국민연금 수령액을 확인하십시오. 그리고 그 금액에 50%를 곱하십시오. 대부분 50만 원 정도가 나올 겁니다. 다음으로 은퇴시점에 수령할 퇴직금을 계산하십시오. 1억 원 안팎의 금액일 겁니다. 그런 다음 은퇴시점에 필요한 돈에서 퇴직금을 빼십시오. 대략 5~7억 원이 더 필요하다는 계산이 나오겠죠."

정리하는 어조로 천천히 말을 이어나갔다.

"그리고 나서 은퇴자금을 마련하기 위해 가입할 개인연금을 정하

 한 달에 100만 원 이상 모을 여력이 있다면 연금보험(보험사)에 1/3, 연금신탁(은행)에 1/3, 안정적인 연금펀드(증권사)에 1/3을 가입하세요. 한 달에 50만 원 미만으로밖에 모을 여력이 없다면 좀 더 공격적으로 운용해야 합니다. 변액연금보험(보험사)에 1/2, 연금펀드(증권사)에 1/2을 가입하는 것이 좋습니다. 단, 주식비중이 30~40% 정도는 되어야 합니다."

마지막으로 노후준비를 위한 조언을 덧붙였다.

"안정적인 노후를 위해서는 하루라도 빨리 준비해야 하고, 절약을 습관화해서 적립하는 금액을 늘려야 합니다."

그때 중간에 앉아 있던 직원이 손을 들고 질문했다.

"교수님, 설명을 듣고 보니 어서 준비해야겠다는 생각이 간절합니다. 그런데 교수님은 은퇴 후 꽤 많은 사학연금을 수령하시잖아요? 교수님 같은 분들은 특별히 노후를 준비할 필요가 없으시겠네요?"

"과연 대학교수들은 따로 노후준비를 하지 않을까요? 그렇지 않습니다. 보통의 직장인들에 비하면 사학연금으로 어느 정도 여유로운 생활을 할 수는 있지만, 좀 더 풍족한 생활을 위해서는 더 준비해야죠. 그래서 별도로 노후준비를 하고 계신 분들이 많습니다."

자연스럽게 내가 준비하는 것들에 대해 이야기를 꺼냈다.

"저도 혼합형 연금펀드 2개, 변액연금 1개, 이렇게 3가지 연금상품에 가입해서 몇 년째 매달 불입하고 있습니다. 가능하면 15년 이상 불입하고, 그 이후로 10년 정도 거치할 예정이죠. 얘기 나온 김에 한 가지만 더 말씀드리겠습니다. 혹시 여러분은 자산관리를 도와줄 재무적 조력자를 옆에 두고 계신가요?"

방금 질문한 직원이 말했다.

"부자들이나 그런 재무설계사를 따로 두죠."

"아닙니다. 재무적으로 도움을 줄 사람은 누구에게나 필요합니다. 많은 사람들이 다양한 금융상품에 가입하지만, 가입 후에는 만났던 금융기관 사람들을 잘 활용하지 못하는 것 같습니다. 여러분 옆에 똑똑하고 합리적인 재무적 조력자를 한 명씩 만들어 두고 필요할 때 도움받으시기 바랍니다."

마지막 당부의 말을 하는 순간 이번에는 뒤쪽의 직원이 손을 들고 질문했다.

"교수님. 설명 잘 들었습니다. 지난번에 신문에서 변액유니버셜보험에 대한 기사를 읽은 적이 있는데요. 변액연금보험과 변액유니버셜보험은 같은 상품인가요?"

질문을 받고 아차 싶었다. 몇 년 전, 처음 변액유니버셜보험을 접했을 때 나 또한 변액연금보험과 뭐가 다른지 헷갈렸기 때문이다.

"참 중요한 질문을 해주셨네요. 보험상품이 워낙 복잡하다 보니 좀 헷갈리죠? 변액연금보험은 연금입니다. 다양한 상품에 투자하기 때문에 후에 지급할 금액이 변하지만 기본적으로 불입기간이 정해져 있고, 나중에 연금의 형태로 지급받습니다."

질문한 직원을 바라보며 말을 이었다.

"반면에 변액유니버셜보험은 목돈마련을 위한 투자상품입니다. 변액연금보험보다 훨씬 다양하고 공격적인 방법으로 운용되고, 납입기간도 처음 2년 정도만 의무불입하면 그 후부터는 마음대로 납입할 수 있습니다. 물론 변액유니버셜보험도 나중에 신청하면 연금으로 전환할 수 있습니다. 하지만 전환할 때의 경험생명표를 적용하여 연금을 지급한다는 것과 변액연금보험에 비해 사업비가 좀 더 높다는 것을 꼭 기억해야 합니다."

설명을 마친 후, 마지막으로 정리하며 인사했다.

"긴 시간 고생 많으셨습니다. 여러분이 아직 젊다 보니 은퇴나 노후라는 말 자체가 어색할 수 있습니다. 하지만 지금부터 착실히 준비하지 않으면 풍요로운 노후란 있을 수 없습니다. 여러분 모두, 돈 걱정 없는 편안한 노후를 보내시길 기원하겠습니다. 감사합니다."

"따라따라따라~"

송파 IC를 빠져나와 사거리에서 직진 신호를 기다리고 있는데 휴대폰이 울렸다. 대학 후배, 영규였다.

"어, 영규야. 오랜만이네. 그동안 잘 지냈니?"

"예, 형. 잘 지내고 있어요. 형은 어떠세요?"

"난 얼마 전에 대학 교수로 자리 옮겼어. 넌 계속 대진전자에서 근무하고 있지?"

"예. 비서실에 있어요. 대학으로 옮기셨으면 요새는 좀 한가하시겠어요. 예전에 회계법인 다닐 때는 야근 정말 많이 하셨잖아요?”

“그래. 그때 비하면 한가하지. 대신 그만큼 월급도 엄청 줄었는데, 뭐…….”

엄살떠는 나에게 영규가 말했다.

“형, 세상에 공짜가 어디 있겠어요? 다 한 만큼 주는 거죠. 그건 그렇고 언제 한번 얼굴 좀 봐요. 형네 학교가 우리 회사랑 가깝잖아요. 점심이나 같이 먹어요. 이번 주 수요일은 어떠세요?”

“그래. 내가 수요일 점심 때 너희 회사로 가서 전화할게.”

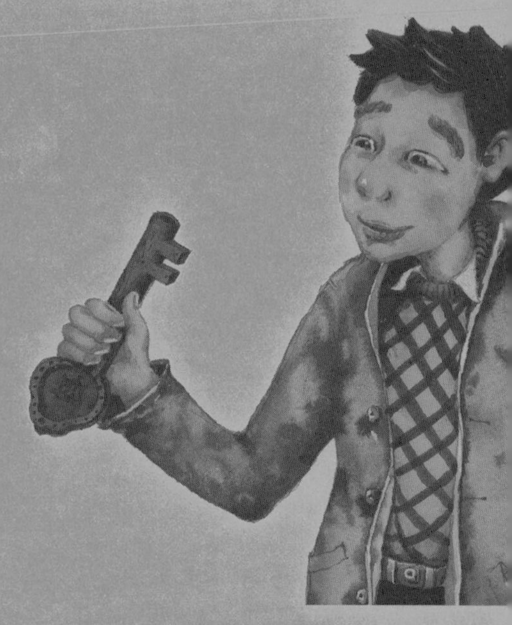

3장

세 번째 보물,

그 제대로 투자하라!

투자에 한 방은 없다

경제성장과 주가의 비밀

돈 버는 3가지 투자원칙

주식, 펀드투자 How-To

투자에 한 방은 없다

여의도에 있는 대진전자에 도착하니 11시 40분이었다. 영규는 로비에 나와 있었다.

"영규야, 반갑다. 근데 몸무게가 좀 불은 것 같은데? 제수씨가 요즘 잘해주나 보네?"

"잘해주긴요. 다 스트레스살에, 술살이죠, 뭐……. 형, 뭐 드실래요? 여기 지하에 스파게티 맛있게 하는 집이 있는데, 거기 갈까요?"

"그래? 그렇지 않아도 아침 늦게 먹어서 배가 별로 안 고팠는데 스파게티 좋겠다."

지난 1년간 있었던 일들을 얘기하면서 스파게티를 먹고, 후식으로 커피를 마시고 있는데 영규가 진지한 목소리로 말문을 열었다.

"형, 혹시…… 돈 좀 가진 거 있으세요?"

‘돈? 영규가 왜 나한테 돈 얘기를 하지?’

영규는 대학 때부터 차를 끌고 다니고, 결혼할 때 집에서 분당에 32평 아파트를 사줄 정도로 부유한 집의 큰아들이었기 때문에 갑자기 무슨 일인지 궁금했다.

“얼마나 필요한데? 너도 알다시피 내가 큰돈은 없잖아.”

“되는 대로 좀 빌려주세요. 사실 요즘 주식투자를 하는데, 얼마 전에 신용거래를 했어요. 그런데 주가가 자꾸 빠져서 담보금액이 줄어들다 보니 증권회사에서 추가 담보를 요구해서요. M&A 주식인데 조금만 기다리면 합병한다는 공시가 뜰 거예요. 그 공시만 뜨면 금방 갚을 수 있어요. 지금 팔긴 너무 아까워서요……..”

신용거래란 보유 중인 주식을 담보로 보유가치의 50% 안팎을 빌려 다시 주식을 사는 일종의 대출이다. 이자율이 연 12% 정도로 꽤나 높은 편이다.

순간 고민이 됐다. 대학 다닐 때 영규에게 많은 도움을 받았기에 어렵게 부탁하는 영규를 매정하게 외면하기가 어려웠다.

“솔직히 큰돈은 없어. 돈 관리를 와이프가 하기 때문에 상의도 좀 해 봐야 되고……. 내가 며칠 있다가 전화할게.”

사실 아내 모르게 목돈 1,000만 원을 가지고 있었지만 빌려주더라도 먼저 상황을 파악해야겠다는 생각이 들었다. 영규와 헤어진 후, 대학 후배 우재에게 전화를 걸었다.

“우재야, 나 성진이야. 지금 통화할 수 있니?”

“네, 형, 오랜만이네요. 지난번에 모임 나갔다가 형 소식은 들었어요. 잘 지내시죠?”

“응, 잘 지내지. 너도 별일 없고? 한 가지 물어볼 게 있어서 전화했어. 너 혹시 영규 소식 좀 아냐?”

우재가 갑자기 한숨을 쉬면서 말했다.

“영규요? 말도 말아요. 요즘 주식 때문에 완전 망가졌어요. 형도 알겠지만 영규 결혼할 때 집에서 분당에 아파트까지 사줬잖아요.”

“그래서 우리가 부러워했잖아.”

“그런데 주식으로 그 아파트를 날렸대요. 무슨 코스닥 주식에 투자했는데 그 회사 주식이 엄청 떨어졌다는 거예요. 와이프하고도 사이가 안 좋아져서 요즘 별거하고 있다죠, 아마.”

“정말? 그래도 영규네 아버지 부자잖아. 다시 한 채 사주시면 되겠구먼.”

“주식으로 아파트 날리고 엄청 혼났나 봐요. 정신 못 차린다고 요즘엔 일체 안 도와주신다고 하던데요?”

참 안타까운 소식이었다. 직장 생활만 열심히 해도 남부럽지 않게 살 수 있는 영규가 뭐 때문에 저 고생을 하는지…….

한참을 고민하다가 다음 날 영규에게 전화했다.

“영규야, 나한테 1,000만 원 정도 여유가 있는데, 계좌번호 보내주면 오후에 입금해 줄게.”

“형, 고마워요. 한 3개월만 쓰고 돌려 드릴게요. 나중에 술 한잔 살게요."

　잘못 투자했다가 인생이 망가진 경우를 여럿 봐왔기 때문에 솔직히 3개월이라는 말을 믿지 않았다. 궁지에 몰린 영규의 처지를 잘 알기에 대학 때 진 신세를 갚는다는 기분으로 빌려준 것이다.

　연구실에서 수업준비를 하고 있는데 휴대폰으로 문자가 왔다.

형! 시간 될 때 전화주세요.

　영규였다. 돈을 빌려준 지 8개월 만이었다.
　"그래. 영규야. 그동안 잘 있었나?"
　"예, 형……. 빌린 돈 빨리 갚지 못해서 미안해요. 계좌번호 문자로 보내주시면 이따 오후에 넣어 드릴게요. 우리 아버지 이름으로 입금될 거예요. 이자 못 드려서 죄송해요."
　돈을 갚겠다는 영규의 목소리가 왠지 허탈하게 들렸다. 주식으로 돈을 벌어 갚는 게 아닌 것 같았다.
　"야~ 너하고 나 사이에 이자는 무슨 이자. 내가 좀 있다 문자로 계좌번호 보낼게. 주식은 팔았니?"
　"예, 팔긴 팔았어요. 아무튼 자세한 건 만나서 얘기해요. 시간 되시면 내일 점심 때 회사로 오실래요? 제가 점심 살게요.”

“그래. 그럼 저번에 갔던 스파게티 집에서 12시에 보자.”

다음 날, 8개월 만에 만난 영규는 수척한 모습이었다.

“영규야! 살이 좀 빠진 것 같은데. 요새 회사일이 많은가 보다?”

“주식 때문에 마음고생을 좀 해서 그렇죠, 뭐.”

순간 영규 얼굴이 확 굳어졌다. 이쯤 되니 짐작이 갔다.

‘보나마나 영규가 말하던 M&A가 무산됐을 거고, 주가는 하한가 몇 번 맞고 반 토막이 났겠지?’

나름 머릿속으로 시나리오를 쓰고 있는데 영규가 말했다.

“제가 일성화학 주식을 5억 원어치 샀었거든요. 제 돈 1억, 빌린 돈 1억이 들어갔고, 아파트랑 주식 담보대출로 3억이 들어갔어요.”

“뭐? 일성화학이면 얼마 전에 상장폐지된 코스닥 주식 아냐?”

“맞아요. 지난달에 상장폐지됐어요. 제가 M&A 된다고 했잖아요. 예상한 대로 정말로 M&A가 이루어졌어요. 그런데 생각만큼 주가가 오르질 않는 거예요. 보통 M&A 되면 상한가 서너 번은 가야 하는데 하루 상한가 가고는 고꾸라지더라고요. 지금 생각해 보면 그때 팔았어야 했는데…….”

“M&A 공시 뜨고도 안 판 거니?”

“예, 안 팔았어요. 사실 M&A 된다는 건 친구한테 들은 거예요. 형도 알잖아요. 제 친구 준석이. 준석이가 M&A 부티크를 하거든요.

M&A가 처음 논의될 때부터 내부정보를 실시간으로 전해 들었어요. 준석이가 그 M&A를 총지휘했거든요."

영규가 한숨을 쉬며 말을 이었다.

"M&A 공시 뜨고 팔려고 했더니 준석이가 팔지 말라고 하더라고요. 곧 신기술 개발 관련 공시가 뜰 거고, 새로운 투자유치 공시도 나갈 테니까 조금만 참으라고요. 그런데 투자유치는 자꾸 지연되고 신기술 개발 공시도 지연되던 중에, 갑자기 대표이사가 공금 100억을 횡령해서 중국으로 도망가 버렸어요. 나중에 알고 보니 사채업자 돈을 빌려 회사를 인수한 대표이사가 M&A 후에 주가가 오르지 않자 사채업자 돈을 갚으려고 공금을 횡령했더라고요."

영규는 그때 생각만 하면 답답해지는 듯 힘없이 말했다.

"코스닥상장위원회에서 회생불능이라는 판정이 내려져 코스닥 시장에서 퇴출됐어요. 정리매매기간에 팔았는데 5,000만 원밖에 못 건졌어요. 대출이자만 한 달에 350만 원씩 냈어요. 주식담보 대출이자 정말 더럽게 비싸더라고요. 대출이자 내고 나면 생활비로 쓸 돈이 바닥나서 와이프랑 부부싸움도 참 많이 했어요. 정말 하루하루 사는 게 지옥이 따로 없었어요. 결국 아버지한테 가서 무릎 꿇고 빌었더니 대출금을 갚아주신 거예요."

정말 믿기지가 않았다. 신문에나 나올 법한 일을 친한 후배가 직접 겪었다니 말이다. 씁쓸한 점심식사를 마치고 학교로 돌아오며, 그동안 영규가 겪었을 마음고생을 생각하니 가슴이 아팠다.

경제성장과 주가의 비밀

몇 개월 뒤……

수업을 마치고 연구실로 돌아가는 길에 휴대폰이 울렸다.

"형. 저 영규예요. 잠깐 통화 가능하세요?"

"그래. 얘기해. 무슨 일이니?"

"다른 게 아니라, 언제 시간 좀 내주세요. 형한테 자문 좀 구할 게 있어서요."

"뭐가 궁금한데?"

영규가 잠시 멈칫하더니 대답했다.

"투자노하우 좀 배우려고요. 저번에 주식으로 큰돈을 날리고 어떻게 투자해야 할지 모르겠어요. 형이 꽤 오래전부터 주식이랑 부동산

투자도 했고, 몇 년 전에는 PB센터에서 부자고객들 관리도 했었잖
아요.”

‘이제 영규도 올바른 투자 세계로 들어올 때가 됐구나!’ 하는 생각
이 들었다.

“이번 토요일은 어떠니?”

“토요일이요? 오후에는 시간 있어요.”

“그럼 6시 30분에 너희 집 근처 도서관 옆에 있는 카페에서 보자.”

토요일 오후 5시 45분.

영규에게 보여줄 자료가 들어 있는 노트북을 챙겨 출발했다. 운전
하면서 지루함을 달래기 위해 라디오를 틀자 한 주를 마감하는 증권
시황이 들려온다.

“종합주가지수가 1,600포인트 탈환에 실패했습니다. 어제 금요일
주가는 전일 대비 40포인트 하락하며 1,530포인트로 장을 마감했지
만, 머지않아 1,600포인트를 다시 돌파할 것으로 보입니다.”

주식관련 방송은 듣고 있으면 답답해질 때가 많다. 글로벌 금융위
기로 종합주가지수가 1,000포인트 아래로 떨어질 때는 세상이 망할
것처럼 겁을 주는 기사를 연일 쏟아내더니만, 이제는 오르는 주가에
신나들 하니 말이다. 장이 오르면 낙관론자가 판을 치고, 경제가 어
려워지고 주식시장이 빠지기 시작하면 비관론자들이 방송과 신문에
서 입에 거품을 물고 겁을 준다.

음악 채널로 바꾸고 운전하다 보니 어느덧 만나기로 한 카페가 눈에 들어왔다. 카페에 들어서니 영규가 먼저 와서 기다리고 있었다.

"영규야! 벌써 왔구나."

"저도 방금 왔어요. 오실 때 차는 안 막혔어요?"

"토요일 저녁이라 차가 별로 없더라. 차 주문해야지?"

원두커피 두 잔을 주문하고 내가 먼저 물었다.

"요즘도 주식투자 계속하니?"

영규가 허탈한 목소리로 말했다.

"예. 주식투자로 날린 돈은 주식투자로 찾아야지 다른 방법이 없잖아요. 지금은 투자금액이 얼마 되지도 않아요. 이렇게 해서 어느 세월에 날린 돈을 다시 찾을까 답답해요. 그래서 형한테 이런저런 투자방법 좀 여쭤보려고요."

대답을 듣고 보니 영규가 지금 매매하는 주식종목은 보나마나 코스닥 소형 작전주일 거란 생각이 들었다.

"지금은 어떤 종목 가지고 있는데?"

"우주개발이라고요……. 코스닥 주식이에요."

"그거 작전 자주 걸리는 회사 아니야?"

걱정스럽게 질문하자 영규의 말이 걸작이었다.

"어떻게 아세요? 작전이 또 걸린 것 같아요. 돈 좀 있는 비상장회사가 우회상장하려고 우주개발에 입질하고 있다는 소문이 있어요."

갑자기 10여 년 전 내 모습이 떠올랐다.

1997년 가을. 몇 년간 고생한 끝에 공인회계사 시험에 합격해 회계법인에 입사하면서 주식투자를 시작했다. 여러 회사의 회계감사와 실사업무를 수행하다 보니 여기저기서 기업 인수합병 관련 내부 정보를 들을 수 있었다.

그렇게 얻은 정보로 별 욕심 없이 시작했던 첫 번째 투자에서 200%가 넘는 이익을 올렸다. 400만 원을 투자해서 1,000만 원을 벌었다. 당시 연봉이 2,000만 원이었으니 반 년 치 연봉을 한방에 번 셈이다. 정말 가슴 뛸 만한 투자성과였다.

문제는 그때부터 시작되었다. 첫 번째 투자원금 400만 원과 투자이익 1,000만 원, 은행 마이너스 대출 600만 원을 합쳐 총 2,000만 원으로 투자원금을 늘려 다시 투자했다.

첫 투자에서 너무 쉽게 돈을 벌어서 그 다음도 주로 회계사 친구들한테 정보를 듣고 투자했는데, 6개월 만에 50% 손실을 봤다. 1,000만 원을 날린 것이다. 투자원금이 절반으로 줄어들자 어찌나 마음이 초조해지고 스트레스를 받았던지…….

잠시 옛날 생각을 하다가 영규에게 얘기했다.

"영규야! 그런 주식 말고 우량주에 투자하면 안 되겠냐?"

"우량주요?"

영규는 싱거운 소리하지 말라는 듯 웃었다. 보나마나 우량주로 언제 그동안 날린 돈을 벌겠냐는 생각이다.

"너도 알다시피 우리 집이 너희 집처럼 부잣집은 아니었잖아. 그래서 회계법인 입사하자마자 투자하려고 여기저기 기웃거렸어. 그런데 10년이 다 돼서야 깨달은 게 몇 가지 있다. 이것 좀 볼래?”

영규에게 몇 가지 자료를 보여주려고 노트북을 켰다. 파일을 클릭하자 신문기사 하나가 나타났다.

“서울역 노숙자에서 30억 주식부자로~”

“부동산 경매로 5년 만에 30억을 벌다!!!”

“형. 저도 이 기사 본 적 있어요. 이 기사는 왜요?”

“이 기사의 두 주인공 모두 내가 아는 사람들이야.”

수많은 개미투자자들의 선망의 대상인 두 주인공을 안다는 말에 영규가 궁금하다는 듯 되물었다.

“정말요?”

“그래. 노숙자에서 30억 주식부자가 된 사람은 친한 친구의 대학 동기이고, 부동산경매로 5년 만에 30억을 번 사람은 전에 근무했던 은행 PB센터 고객이었어. 그분들의 투자실상을 들어보니까 정말 살 떨리더라.”

“왜요?”

“30억 주식부자는 신입사원 시절, 멋모르고 주식투자를 시작했다가 얼마 안 돼서 종자돈을 모두 날리고 빚까지 진 신용불량자가 됐대. 집에서 쫓겨나 서울역 노숙자로 내몰린 뒤 치열하게 주식공부를 한 거야. 몇 년 뒤 아내가 구해 온 마지막 돈 500만 원을 들고 데이트레이더로 주식시장에 복귀했지."

영규는 흥미로운 표정으로 듣고 있었다.

"하루에 수백 번 거래했대. 아침 9시부터 오후 3시까지 우주선의 창처럼 펼쳐진 4개의 모니터 앞을 절대 떠나지 않았다더라. 점심도 그 앞에서 대충 먹어가면서 하루 1~2% 수익을 내기 위해 온 힘을 다한 거지. 그렇게 5년 만에 30억이라는 거액을 번 거야. 정말 대단한 사람이지? 그런데 그게 공짜로 번 돈이 아니더라고."

"왜요? 그 정도면 힘들게 노력한 게 하나도 아깝지 않을 것 같은데요."

"아침 9시부터 오후 3시까지 미친 듯이 컴퓨터 자판을 두드리며 사고팔기를 반복하고는, 밤 10시까지 시장분석하고 매매하면서 잘못된 부분을 점검했대. 밤 12시 넘어서까지 미국시장의 흐름을 분석하고 나서야 잠을 잘 수 있었고 말이야."

그 정도일 거란 생각은 못했는지 영규는 꽤나 놀랐다.

"문제는 2년 만에 데이트레이더의 직업병인 허리디스크, 목디스크 때문에 건강이 나빠진 거야. 불안해진 심리상태 때문에 아내와 부부싸움이 잦아지더니 별거까지 했고. 이렇게 해서라도 돈을 번다면 다행이겠지만 데이트레이더의 대부분은 누적된 손절매와 거래수수료로 원금의 대부분을 날리지."

커피를 한 모금 마시고 다음 기사 이야기를 시작했다.

"부동산경매로 5년 만에 30억을 번 사람은 어땠을까? 그 사람은 목돈 1억으로 시작한 첫 경매에서 6개월 만에 5,000만 원을 벌었대. 그 다음에는 아파트 담보대출을 받아 투자금액을 늘리고, 경매물건을 담보로 돈을 빌려 좀 더 큰 물건을 경매로 샀지. 다음 경매에는 대출을 더 많이 받아 더 큰 경매물건을 샀고."

"그분은 경매실력을 타고났나 봐요."

"재주가 참 좋아 보이지? 하지만 이 경매투자자가 한 달에 평균적으로 지불한 대출이자는 1,000만 원이 넘었대. 투자금액의 50~60%가 대출금이었으니까. 보통 사람이면 엄두도 못 낼 투자방법이지만 이 사람은 한 달에 2,000만 원도 넘게 버는 자영업자였고, 당시 부동산 경기가 워낙 좋았으니까 가능했던 일이지."

영규가 고개를 끄덕이며 이야기를 듣고 있었다.

"부동산 경기가 나빠졌거나 운영하던 가게가 잘 되지 않았더라면 이 사람은 5년 만에 30억을 번 투자의 귀재가 아니라, 대출금을 갚지 못한 신용불량자가 되었을지도 몰라. 위험부담 없이 손쉽게 적은 투자금액으로 큰돈을 버는 방법은 세상에 없는 것 같다. 우리 같은 보통 사람들이 실행할 수 있는 투자방법은 매우 제한적이야."

힘이 빠진 영규를 보며 말을 이어갔다.

"너무 주눅들 건 없어. 지금부터 내가 설명하는 투자원칙만 잘 지키고 실행하면 누구나 충분히 풍요로운 삶을 살 수 있어. 자, 여기를 봐."

마우스를 클릭하고, 화면을 가리키며 설명했다.

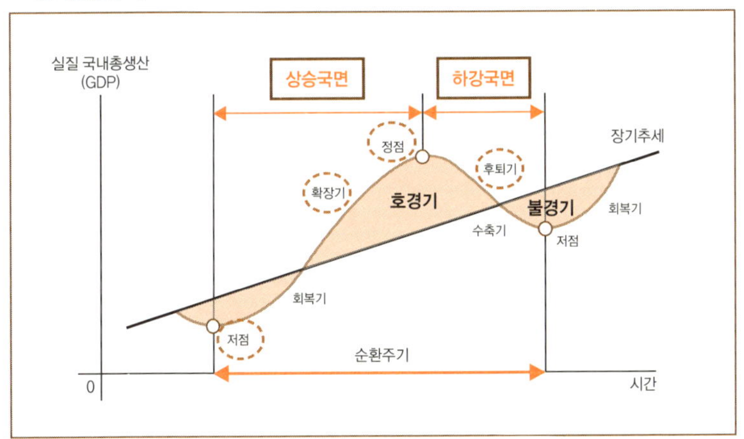

(자료출처: 한국은행 홈페이지)

"경기순환주기 그래프야. 경기 저점에서 GDP가 바닥을 찍고, 정점에서 최고조에 이르렀다가 다시 하강하는 패턴을 반복하지. 통계치를 보면 경기 저점에서 정점에 이르는 상승국면은 보통 3~4년, 다시 저점으로 떨어지는 하락국면은 1~2년이었어. 경기의 한 사이클이 4~6년인 셈이야."

영규가 너무 당연하다는 듯한 표정을 지었다.

"여기서 한 가지 유의할 점은 경기가 순환하면서 GDP는 꾸준히 성장한다는 거야. 그림을 보면 GDP의 장기추세선이 우상향하면서 꾸준히 증가하고 있지?"

또 다른 그래프 한 장이 나타났다.

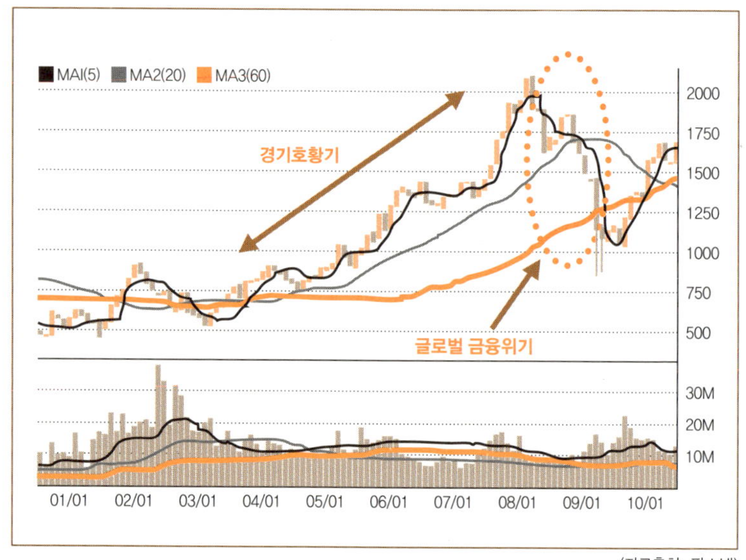

"최근 9년간 종합주가지수의 움직임이야. 2007년 12월에 2,000포인트를 찍었다가 1년 만에 800포인트대로 폭락했어. 2010년 1월 말 현재 1,600포인트에서 공방 중이지. 주가변동을 잘 보면 맨 아래 굵은 선을 중심으로 오르락내리락하는 것을 볼 수 있어. 굵은 선이 60개월, 즉 5년간의 월평균 움직임을 표시한 거잖아. 5년이면 경기순환주기랑 비슷한 기간이지? 주가도 경기의 장기추세선을 따라 지속적으로 오르락내리락을 반복하며 꾸준히 오른다는 거야."

잠시 설명을 멈추고, 영규에게 물었다.

"경기순환주기랑 종합주가지수 그래프 보니까 돈이 막 보이지?

안 보여?"

영규가 다소 황당하다는 듯이 나를 쳐다봤다.

"너도 알다시피 주가는 보통 경기가 좋아지기 6개월 전부터 오르기 시작해서 경기가 최고 정점에 이르기 6개월 전부터 빠지는 경우가 많아. 경기가 좋아지기 시작할 때 주식을 사고, 남들이 경기 좋다고 샴페인 터뜨리고, 증권사 객장에 주부들이 유모차 끌고 벌떼같이 나타나기 시작하면 주식을 팔면 되는 거야."

"경기가 회복되는 걸 어떻게 알아요?"

"웬만한 사람들은 경기 흐름을 감각적으로 느껴. 문제는 그걸 느끼더라도 실제 투자하면 간이 쪼그라들어서 실행 못한다는 거지. 이 그림 좀 볼래?"

주식투자 행태

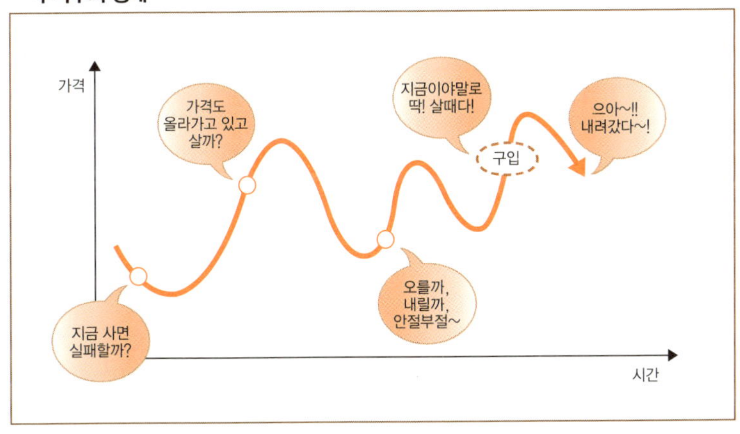

“경기가 풀리면서 주식이 슬그머니 상승추세로 접어들어도 계속 반신반의하면서 투자를 못해. 그렇게 의심에 의심을 거듭하다 결국 주식이 고점을 향해 미친 듯이 돌진할 때 투자해. 결국 몇 개월을 못 버티고 주식폭락을 맞으면 또 공포에 떨게 되는 거지.”

영규는 공감이 되는 듯 살짝 웃었다.

“내가 무슨 얘기 하려는 줄 알지? 너도 많이 겪어봤겠지만, 나도 예전에 이런 경험 참 많이 했다. 믿어라. 경제는 반드시 성장한다. 그러면 주가도 반드시 오른다.”

돈 버는 3가지 투자원칙

"영규야. 그동안 내가 시행착오 끝에 깨달은 3가지 투자원칙에 대해 설명할게. 요즘 재테크라는 말이 자주 쓰이지? 서점에만 가 봐도 사람들이 돈 버는 데 얼마나 관심이 많은지 금방 알 수 있어. 쉽게 돈 벌 수 있다고 말하는 책들은 베스트셀러로 당당하게 한 자리를 차지하고 불티나게 팔려나가지. 하지만 투자원칙을 설명한 책들은 잘 팔리지 않아."

"형, 누가 투자원칙을 몰라서 돈을 못 버나요? 그걸 실행할 줄 몰라서 그렇죠. 워렌버핏 같은 유명한 사람들이 쓴 책을 저도 읽어봤는데 너무 추상적이라 실행하기가 어려워요."

"그건 사람들이 원칙보다는 떼돈 버는 특별한 테크닉을 원해서 그런 것 같아. 주식이나 부동산으로 돈을 번 사람들이 무슨 특별한

테크닉을 갖고 있는 걸로 착각해. 투자로 돈을 벌 때 진짜 필요한 건 확고한 투자원칙인데 말이야.”

영규는 공감할 수 없다는 표정이었다.

“PB센터에 근무할 때 부자고객들을 보면 몇몇 운 좋은 사람들 말고는 모두 투자원칙을 지켰어. 원칙만 지키면, 돈은 시간이 지나면서 그냥 불어나.”

나는 돈 버는 3가지 투자원칙에 대해 자세히 설명했다.

첫 번째 투자원칙: 우량자산 투자

“돈 버는 투자원칙 첫 번째는 꼭 우량자산에만 투자하라는 거야. 사람들은 몇십만 원짜리 옷 한 벌 사는 데는 몇 시간, 심지어 며칠씩 쓰면서도 정작 수백, 수천만 원이 넘는 돈을 주식에 투자할 때는 별로 시간을 들이지 않아. 나도 옛날에는 그랬지. 아는 분들한테 정보를 얻거나 증권사 직원 말만 듣고 쉽게 매수주문을 내곤 했으니까. 재미있는 통계치 하나 볼래?”

마우스를 클릭하자 도표 하나가 나타났다.

“예전에 모 증권사가 발표한 자료야. 2005년 상장된 485개 기업의 과거 10년간 주가수익률을 계산한 거야. 잘 보고 놀라지마. 오른 종목은 130개로 전체 주식의 27%인 반면, 내린 종목은 355개로 73%나 됐어. 더욱 놀라운 것은 485개 종목 중 96개 종목이 90% 이상 하락했다는 거야.”

과거 10년간 주식시장 분석

과거 10년간 주식시장 분석 (○○증권, 2005. 2)	
1995년 상장되어 있던 종목 중 2005년 5월 현재 거래되는 485개 종목을 분석한 결과	
∨ 오른 종목	130개(27%)
∨ 내린 종목	355개(73%)
∨ 90% 이상 하락한 종목	96개(20%)
∨ 5배 이상 상승	삼성전자(7.5배), S-Oil(6.5배), 태평양(6.4배), 롯데칠성(5.9배), 롯데제과(5.9배), 현대모비스(5.3배) 등
∨ 4배 이상 상승	신세계(4.1배), 남양유업(4.1배) 등
∨ 2배 이상 상승	SK텔레콤, POSCO, 현대미포조선, SK, 삼성화재, 하이트맥주, 대림산업, 현대차, 유한양행, 삼성SDI, 동국제강 등

"10년 동안 그냥 정기예금만 가입했어도 이자가 60~70%는 족히 됐을 거야. 그런데 오르기는커녕 내린 종목이 훨씬 많다는 게 말이 되냐? 물론 IMF 영향으로 많은 기업들이 구조조정되면서 주가가 폭락한 이유도 있어. 하지만 똑같은 어려움 속에서도 삼성전자 같은 기업들은 27.5배나 올랐잖아. 그건 바로 삼성전자가 우량주였기 때문이야. 그럼 어떤 조건을 갖춰야 우량주일까?"

그림을 가리키며 설명을 계속했다.

"우량주의 첫 번째 조건은 재무적 안정성이야. 즉, 빚이 적어야 해. 재무적으로 우량한 회사는 매달 갚아야 할 이자가 적기 때문에 글로벌 금융위기 같은 어려움이 오더라도 절대로 망하지 않아. 재무제표를 보면 회사가 얼마나 재무적으로 우량한지 알 수 있어."

고개를 끄덕이는 영규를 보며 다음 설명을 계속했다.

"우량주의 두 번째 조건은 장사를 잘해서 해마다 많은 이익을 내야 한다는 거야. 꾸준히 장사를 잘하기 위해서는 기업이 어느 정도 시장을 지배할 수 있는 힘이 있어야 해. 마지막 조건은 꾸준한 성장이야. 급변하는 세상에 뒤쳐지지 않는 미래진화형 기업이어야 한다는 거지. 그럼 이 세 가지 조건을 모두 갖춘 우량주 한두 개만 말해볼래?"

"삼성전자, 현대차, 포스코……. 뭐 이런 회사 아닐까요?"

정작 자신은 코스닥 잡주를 거래하면서도 우량주가 무엇인지는 분명히 알고 있었다.

"잘 아네? 그럼 삼성전자를 왜 우량주라고 생각해?"

"그야 뭐, 은행 빚이 별로 없는 걸로 알고 있으니까 재무적으로 우량할 것이고, 해마다 많은 돈을 벌고 있잖아요. 제 주위 사람들을 보면 대부분 휴대폰 살 때 애니콜을 선택해요. 요새 나온 햅틱폰이나 LED TV를 보면 삼성전자가 앞으로도 꾸준히 진화하는 제품을 만들 것 같고요."

"맞아. 2009년 9월 말 재무제표를 분석해 보면, 삼성전자의 금융기관 차입금은 거의 제로야. 현금성 자산은 8조나 되지. 재무적으로 정말 우량한 회사야. 글로벌 금융위기로 어려웠던 2008년에도 삼성전자의 매출은 72조 원, 당기순이익은 5조 5,000억 원이었어."

삼성의 매출은 생각보다 어마어마했다.

"삼성전자의 매출은 해마다 10% 이상 꾸준히 성장하고 있어. 성장원동력은 끊임없이 진화하는 휴대폰, 반도체, LCD TV 등이야. 그럼 우량주와 불량주의 주가 그래프를 한번 비교해 볼까?"

우량주 한 종목과 불량주 한 종목의 월간 주가차트가 나타났다.

"두 그래프 모두 대략 8년이 조금 넘는 기간의 그래프야. 위쪽의 그래프는 매월 등락을 반복하지만 주가는 꾸준히 상승하고 있어. 아래쪽의 그래프는 8년 전 주가에 비해 지금 오히려 더 떨어진 모습이고. 어느 것이 우량주일까?"

"당연히 위쪽이 우량주겠죠."

"그래. 상단 그래프가 신세계의 월간 주가차트야. 2000년에 3만 원이던 주가는 2010년 1월 말 52만 5,000원이야. 9년 만에 18배가

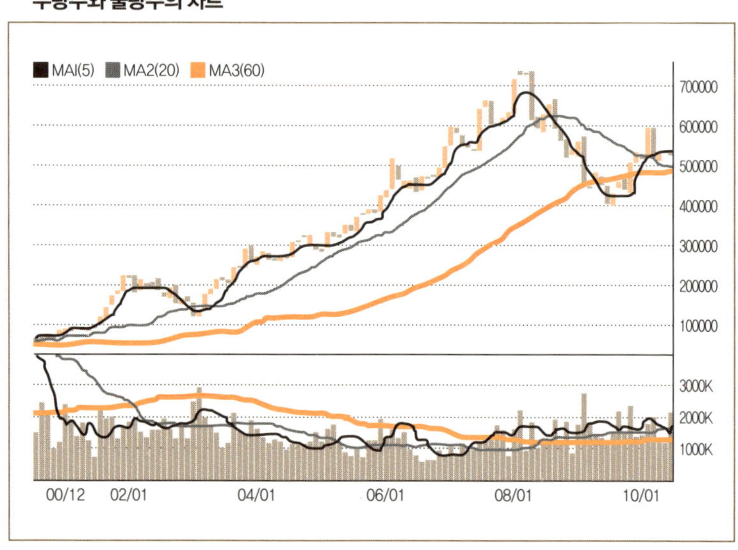
MAI(5)
MA2(20)
MA3(60)
700000
600000
500000
400000
300000
200000
100000
3000K
2000K
1000K
00/12
02/01
04/01
06/01
08/01
10/01

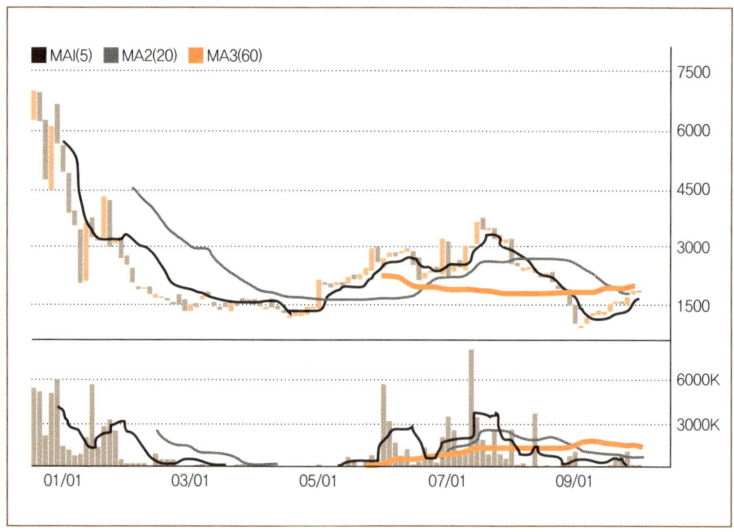
MAI(5)
MA2(20)
MA3(60)
7500
6000
4500
3000
1500
6000K
3000K
01/01
03/01
05/01
07/01
09/01

올랐지. 우량주와 불량주는 단기차트를 보면 차이를 쉽게 알 수 없지만,

영규는 한숨을 쉬며 말했다.

“이렇게 보면 우량주와 불량주를 바로 알겠는데 직접 투자할 때는 구분이 너무 어려워요.”

“그럼, 그게 쉬우면 세상 사람들 다 금방 부자되게? 하나씩 공부하면서 차근차근 알아나가야지. 그래도 앞으로 TV나 신문에서 전문가들이 ‘어떤 주식이 좋다, 나쁘다’를 논할 때는 내가 설명한 걸 생각해 보면 좋은 판단근거가 될 거야.”

“형, 내가 산 우주개발 주가도 분석 좀 해줄래요? 주식이 지금 많이 빠졌어요. M&A가 될 듯하면서 아직 안 됐거든요. 지금이라도 팔아야 할까요?”

우주개발의 차트를 분석해 보니 역시 전형적인 작전주의 모습이었다. 영규가 매수하기 한 달 전부터 주가가 급등하기 시작했다. 주식을 산 후 일주일 뒤에 최고점을 찍었고, 줄곧 하락하기 시작해 급기야 두 달 뒤에는 급등 전 주가와 비슷한 수준이 되어 있었다. 한 달여 만에 주가가 3배 오르더니 두 달여 만에 다시 원위치가 된 것이다.

회사 공시를 조회해 보니 영규가 주식을 매수하기 얼마 전 대규모

매출 MOU(양해각서) 계약 체결 공시와 M&A MOU 체결 공시가 이어졌다. 그리고는 두 달 뒤 매출계약이 취소되고 M&A도 별 진척 없이 결렬되었다는 공시가 올라왔다.

종목 분석 후 영규에게 안타까운 이야기를 했다.

"작전이 다 끝난 거 같지 않아? 주가가 더 크게 빠질 일은 없어 보이지만, 대차대조표랑 손익계산서를 살펴보니까 지금 근근이 연명하고 있는 상태라 주가가 더 오르기도 어려워 보인다."

"아니에요. 형, M&A 다시 진행될 거라던데요?"

M&A라는 것이 수시로 깨지기도 하고, 이루어져도 주가가 오르지 않는 경우도 허다한데, 영규는 끝까지 기대를 버리지 않았다.

"M&A 이야기는 나중에 다시 하기로 하고, 일단 내 이야기를 끝까지 들어 봐."

두 번째 투자원칙: 시간분산, 종목분산

"돈 버는 투자원칙, 두 번째는 분산투자야. 우량주를 골랐다 하더라도 한 종목에 몰방하면 안 돼. 몇백만 원의 적은 돈이라도 몇몇 업종 우량주에 분산해서 투자해야 해. 아무리 잘 골랐더라도 세상에 100% 확실한 건 없잖아. 그러니까 위험을 줄이기 위해 여러 종목에 분산하는 거야. 또 하나, 투자하는 시점도 분산해야 해."

화면에 포스코의 지난 8년간 월간 주가차트가 보였다.

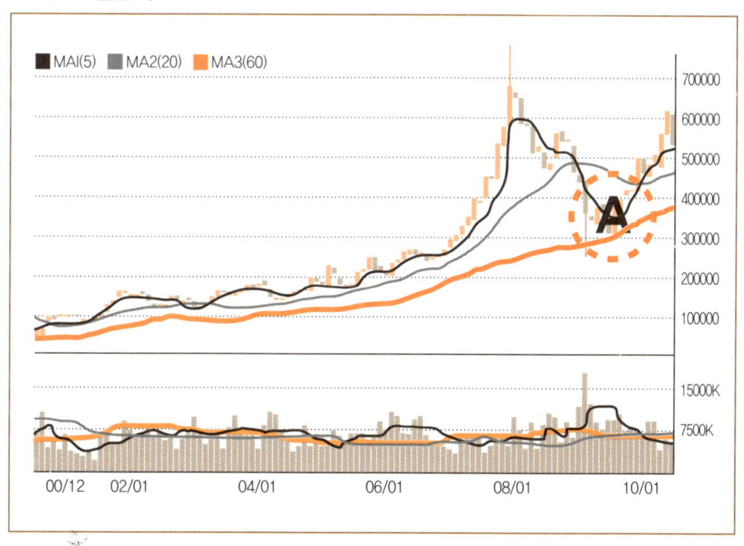

 "70만 원이 넘던 포스코의 주가는 글로벌 금융위기로 2008년 여름 20만 원 초반까지 곤두박질쳤어. 2009년 봄, A시점에서는 30만 원 선을 겨우 지키고 있지. A시점에서 포스코 주식에 투자한다고 가정하자. 앞으로 주가가 오를까? 아니면 내릴까? 너라면 어떻게 투자할 거야?"

 "형 말처럼 분산투자를 하면 괜찮을까요?"

 "맞아. A시점부터 분산투자를 시작하는 거야. 투자금액이 5,000만 원이라면 1,000만 원씩 5등분으로 나누어 월별 추이를 보면서 투자하는 거야. 5등분이 불안하면 500만 원씩 10등분으로 나눌 수도 있지. 그렇다면 2009년 봄, 30만 원이었던 포스코의 주가는 그 이후 어떻게 됐을까?"

나는 살짝 미소를 띄우며, 이야기를 계속했다.

"많은 경제전문가들의 예상을 뒤엎고 글로벌 경제가 완만하게 회복되면서 한국경제도 빠르게 회복했어. 포스코의 주가도 2010년 1월 말 53만 6,000원으로 상승했지. 10개월 만에 무려 78%가 상승한 거야. 하지만 2009년 봄, A시점에서 5,000만 원을 한 번에 투자하는 것은 위험해. 주가는 얼마든지 떨어질 수도 있었으니까. 따라서 시간도 분산해 투자하는 것이 안정적이야."

세 번째 투자원칙 : 장기투자

"이제 돈 버는 투자원칙 마지막이야. 가능하면 장기로 투자해라. 포털사이트에서 '장기투자'를 검색하면 상반된 의견들이 난무해. 무조건 장기투자를 해야 한다는 사람들과 중간마다 고점에서 팔았다가 다시 저점이 되기를 기다려야 한다는 사람들이 서로 자기주장이 맞다고 하는 거지."

"저도 중간에 사고팔아야 한다고 생각해요. 주가는 언젠가 폭락하잖아요."

"네 말이 맞을 수도 있어. 하지만 우리같이 직장생활하는 사람들은 장기투자가 훨씬 유리해."

모니터에 현대자동차의 지난 8년간 월간 주가차트를 띄웠다.

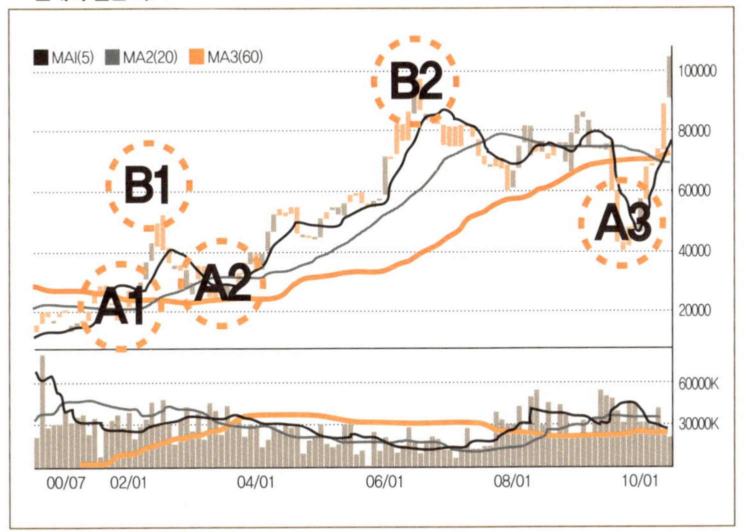

"현대차 주식으로 돈을 많이 벌려면 A1에서 샀다가 B1에서 팔고 기다렸다가, 다시 A2에서 샀다가 B2에 팔아야 해. 또 한참 기다렸다가 A3에 다시 사야 하지. 그리고는 주가가 다시 고점이 되기를 기다리는 거야. 하지만 우리같이 생업에 바쁜 사람들에게 이 방법이 가능할까? 나도 꽤 오래 시도해 봤지만 절대 불가능하더라."

내 말을 듣던 영규가 웃으며 말했다.

"시간이 많아도 사고파는 그 시점을 알기가 어렵다니까요."

"차트 신봉론자들은 5일, 20일, 60일 이동평균선과 거래량, 시장 상황을 고려해 예측이 가능하다고 해. 하지만, 그들이 흔히 말하는 5

일 선이 20일 선을 붕괴시키는 데드크로스(중기선이 장기선을 위에서 아래로 뚫고 나가는 현상으로, 대세가 약세로 접어들었다는 확인신호)가 발생할 때쯤이면 주가는 A2 시점이 되어 버려. 차트에 미쳐있다 보면 A2시점에서 B2시점까지 지속적으로 주식을 보유하고 있는 것도 여간 어려운 게 아니지. 수시로 차트에서 매도 징후가 보이거든.”

어려운 듯 조용히 듣고 있는 영규를 보며 설명을 계속했다.

“A3 시점에서도 마찬가지야. 차트를 분석해 보면 A3에서 절대 주식을 살 수가 없어. 5일 선이 20일 선을 치고 올라오면서 골든크로스(데드크로스와 반대 개념으로 중기선이 장기선을 아래에서 위로 뚫고 올라가는 현상으로, 대세가 강세로 접어들었다는 확인신호)가 발생하거든. 거래량이 증가되는 시점을 기다려야 하기 때문에 60만 원이 훨씬 지난 시점에서 주식을 사게 되는 거지.”

왠지 어려운 설명이 되어 버린 것 같았다.

“평범한 사람들이 주식투자를 할 때는 사고팔기를 반복하는 것보다 자기가 고른 우량주의 가격이 떨어졌을 때 매수했다가, 오를 때까지 꾸준히 장기보유하는 게 좋다는 거야. 확률적으로 그게 더 높은 수익을 가져다 주니까. 매일매일 차트 확인하느라 일에 지장받을 염려도 없고.”

“만약 현대차를 우량주라고 믿고, 주식가격이 가치에 미달한다고 생각된다면 몇 번에 나누어 주식을 산다는 거죠? 그리고 제가 생각하는 현대차의 가치를 주식가격이 넘어설 때까지 1년이든 2년이든 마음 편히 그냥 가지고 있으면 된다는 거죠?"

"응. 바로 그거야. 또 하나 재미있는 사실이 있어. 대부분 사람들이 주식과는 다르게 부동산은 장기로 투자해."

"1세대 1주택 비과세, 장기보유특별공제 같은 혜택 때문에 그럴 수밖에 없잖아요?"

"한 가지 더 있어. 부동산 가격은 주식처럼 매일매일 실시간으로 결정되거나 확인할 수 없잖아. 그래서 사람들은 부동산 가격변화를 주식가격보다 덜 민감하게 받아들여. 거래비용이 주식보다 훨씬 많이 든다는 이유도 있지만."

영규 역시 '부동산은 장기, 주식은 단기'라는 생각이 강해 보였다.

"사람들은 부동산에 대한 절대적인 믿음이 있는 것 같아. 주식투자하면 손해볼 수 있어도 부동산에 투자하면 꼭 돈을 번다고 믿지. 그 말은 엄밀히 말하면 틀린 말이야. 주식 중에 가장 우량주라는 삼성전자는 1998년 3만 원이던 주가가 2010년 1월 말 78만 4,000원이야. 11년 만에 무려 26배가 올랐어. 반면 버블세븐 지역의 대장 격인 강남의 50평형 재건축 아파트는 1998년 3억 원에서 2010년 1월 말 18억 원 수준이 됐어. 같은 기간 동안 6배가 오른 거지."

"삼성전자의 26배에 비하면 강남 재건축 아파트 6배의 상승은 새 발의 피네요."

"그런데도 사람들은 주식투자보다 부동산투자가 훨씬 낫다고 여기고 있어. 부동산은 장기로 투자하지만 주식은 단기로 투자하기 때문이야. 부동산 중에서 불량주로 분류되는 지방의 아파트는 10년 전이나 지금이나 가격변동이 없어. 오히려 떨어진 곳도 있지. 부동산이라고 다 오르는 것은 아니잖아. 우량자산이라면 경제성장 과정에서 반드시 오르게 되어 있어. 이제는 부동산에만 한정해 생각하던 장기투자를 주식에도 적용해야 할 때야.”

영규는 그동안 투자했던 일들이 생각나는지 조용히 듣고 있었다.

“한 가지 주의할 점이 있어. 장기투자를 하려면 꼭 여유자금으로만 투자해야 돼. 빚을 내서 투자하면 마음이 급해서 단타매매를 할 수밖에 없더라. 그리고 장기투자라는 게 무조건 주식을 오래 가지고 있으라는 말은 아니야. 주식가격이 자기 가치에 비해 너무 과대평가되거나 회사가 점점 나빠지면 그때는 팔아야 해.”

“정말, 투자는 아무나 하는 게 아닌가 봐요.”

“수익률을 너무 높게 잡지 않으면 돼. 연 10~15% 정도만 생각해.”

“지금까지 형이 한 말 모두 맞아요. 하지만 15% 수익률로 언제 날린 돈을 다시 만회해요. 제가 그동안 주식으로 날린 돈만 생각하면 자다가도 벌떡 일어나요.”

“넌 아마 내가 너만큼 주식으로 큰돈을 날려보지 않아서 하는 말이라고 생각할 거야. 나도 한때는 주식으로 꽤 큰돈을 벌어보기도 하고, 잃어보기도 했어. 자꾸 투자원금 생각하면 급등주만 찾게 되고, 결국 돈을 더 잃는다니까. 10% 수익률이라고 절대 우습게 생각하지 마라. 10% 수익률이 얼마나 막강한지 숫자로 보여줄게.”

월 50만 원 투자효과

월 50만 원 투자			
투자기간	수익률 10%	수익률 15%	수익률 20%
5년	3,800만 원	4,400만 원	5,000만 원
10년	1억 원	1억 4,000만 원	1억 9,000만 원
15년	2억 원	3억 3,000만 원	5억 6,000만 원
20년	3억 8,000만 원	7억 5,000만 원	15억 5,000만 원
25년	6억 6,000만 원	16억 2,000만 원	42억 4,000만 원

"매달 50만 원을 월복리로 투자할 때 5년, 10년, 15년, 20년, 25년 뒤의 금액을 나타내는 표야. 수익률이 10%만 되더라도 25년 뒤에는 6억 6,000만 원이 되고, 수익률이 20%라면 25년 뒤 42억 4,000만 원으로 불어나게 돼."

"10%는 크지 않다고 생각했는데 장난 아니네요."

"그래. 매년 10% 정도의 안정적 수익률을 목표로 잡아. 그리고 3가지 투자원칙을 꼭 지켜 봐. 몇 년만 지나면 너도 모르게 재산이 꾸준히 늘어나는 걸 볼 수 있을 거야. 자연스럽게 마음도 편해질 거고."

시간이 갈수록 투자하기도 점점 어려워진다. IMF 전만 하더라도 은행 정기예금 이자율이 10% 안팎이었으니 굳이 주식투자가 아니더라도 알뜰살뜰 돈 모으기가 괜찮았다. 그러나 이제 우리네 보통 사람들이 4%대 예적금만으로 돈을 모아 윤택한 삶을 산다는 것은 거의 불가능에 가깝다.

　최소한 연 8% 정도 수익률은 되어야 한다. 그래서 우리는 다양한 방식으로 투자해야 한다. 하지만 돈에 관해서 탐욕스러운 우리들이 원칙을 지키며 안정적이고 꾸준한 수익률을 내는 것이 그리 쉽지만은 않다.

주식, 펀드투자 How-To

"띠~딩."

영규와 헤어지고 집에 돌아왔는데 증권사에 근무하는 친구 승호가 문자를 보냈다.

성진아, 바쁘냐? 시간 될 때 전화 줘라.

전화를 걸어보니 시끄러운 소리 가운데 승호가 전화를 받았다.

"어~ 성진아. 잠깐만."

잠시 뒤 승호가 다시 말했다.

"미안해. 복도로 나오느라 시간이 좀 걸렸어. 곧장 전화한 거 보니 지금 시간 괜찮은가 보네?"

“응. 좀 전에 후배 만나고 집에 막 도착했어. 근데 웬일이냐? 요즘 잘 지내지?”

“응. 잘 지내고 있어. 별일은 아니고 그냥 얼굴 한번 보고 싶어서. 언제 저녁 때 소주나 한잔 하자.”

승호의 목소리가 왠지 무겁게 느껴졌다. 요즘 주식시장이 변동성이 심해서 고객자산 관리하기가 만만치 않은 모양이다.

“승호야, 오늘 밤은 어떠냐? 오늘 아내가 처가에 다녀오는 날이라 좀 늦게 들어가도 되거든.”

“그래? 그럼 이따 9시 30분쯤 저번에 만났던 삼성동 삼겹살집에서 보자.”

벌써 9시가 다 되어가고 있었다. 약속장소로 바로 가니 승호는 벌써 도착해 있었다.

“승호야, 오랜만이다. 못 본 지 3개월도 넘은 것 같은데?”

“그러게 말이야. 어떻게 너 학교로 자리 옮기고 만나기가 더 힘든 거 같냐? 얼굴 좀 자주 보여줘~ 정 교수.”

오랜만에 만나 이런저런 이야기를 나누니 나이가 들수록 마음에 맞는 친구 몇 명은 꼭 있어야 한다는 어르신들의 말씀이 새삼 떠올랐다. 그런데 갑자기 승호가 이상한 말을 했다.

“성진아, 나 요즘 직장을 옮길까 생각 중이야. 어디 갈 만한 데 없을까?”

“왜? 무슨 힘든 일이라도 있어? 갑자기 직장을 옮긴다니?”

“회사 다니기가 너무 힘들어. 정말 미치겠어.”

대학동기인 승호는 공인회계사 시험을 준비했었다. 하지만 2차 시험에서 두 번 고배를 마시고는 곧바로 연봉을 많이 주는 증권사에 입사했다. 대학 때 주식투자 동아리에서 활동했던 승호는 재미있게 회사를 다니는가 싶었다. 그런데 1년 전쯤부터 힘들다는 말을 가끔 하곤 했다.

“왜? 요즘 주식시장이 안 좋아서 고객들이 뭐라고 하냐?”

“증권사에 처음 입사한 게 1997년이었잖아. 입사한 지 얼마 안 돼서 IMF로 주식시장이 완전히 망가졌어. 정말 무섭더라. 1,000포인트를 넘던 종합주가지수가 300포인트까지 떨어졌으니까 말이야.”

승호는 한숨을 쉬며 말을 이었다.

“그때 시장에서 장사하는 분에게 스팟펀드를 팔았는데 손실 40%가 확정되어 상환됐어. 고객이 우리 엄마 연세쯤 되는 분이셨는데 내 앞에서 우시더라고……. 정말 죽고 싶더라. 하지만 그때는 신입사원 시절이었고 다시는 이런 실수를 반복하지 않으리라 다짐했지. 더 열심히 공부해서 지금까지 고객관리를 해온 거야.”

승호에게 이런 힘든 시간이 있었으리라고는 생각하지 못했다. 늘 자신 있는 모습이었기 때문이다. 소주를 한 잔 들이키더니 승호가 다시 이야기를 이어갔다.

“중간 중간 하락장은 있었지만 IMF 때 비하면 견딜 수 있는 수준이었어. 슬금슬금 종합주가가 오르더니 꿈의 지수대라던 2,000포인트에 도달하더라고. 정말 환상적이었어. 고객들 자산이 두 배, 세 배, 아니 어떤 고객은 네 배가 넘게 불어난 분도 있었어. 덕분에 성과급도 꽤 짭짤하게 받았지. 그런데 지금 객장이 얼마나 어수선한지 몰라. 내 돈 물어내라고 지점에 와서 항의하는 고객이 하루에만 두세 명이 넘어. 화내는 분이 있는가 하면 우시는 분도 있고……."

답답해하는 승호를 위로할 요량으로 내가 몇 마디 거들었다.

"승호야, 그게 어디 네 책임이냐? 원래 고객들은 매수한 주식이 오르면 자기들이 잘 선택해서 오른 거고, 떨어지면 추천한 사람 잘못이라고 생각하잖아. 주식투자의 책임과 수익은 모두 투자한 고객 몫 아냐?"

"지나고 보니까 내 잘못도 있는 것 같아. 10년 넘게 이 일하면서 IMF 때보다 더 힘든 시기가 올 거라고는 상상도 못했어. 그래서 내가 추천한 종목에 고객이 신용으로 투자한다기에 설마하며 말리지 않았어."

나는 묵묵히 승호의 말을 들어주었다.

"작년에는 IMF와 같은 상황도 아닌데 주식이 50% 넘게 폭락했어. 그때 전화통화하면서 추가로 입금하지 않으면 깡통계좌가 된다고 했더니 30대 주부 고객이 막 울더라. 남편 몰래 투자한 건데 남편이 알면 이혼당한다고 하는데 정말 미치는 줄 알았어. 시장판단 잘못해서 고객 자산을 지키지 못하는 내가 너무 한심하고, 매일 폭락하는 고객 자산을 바라보면서 아무것도 할 수 없는 내가 너무 싫었어."

주가예측은 사람의 영역이 아닌데, 승호는 자기의 일이 미래 주가를 예측해서 고객이 이익을 보게 하는 걸로 생각하고 있었다.

"어떻게 그게 네 잘못이야. 글로벌 금융위기로 전 세계가 어려우니까 주식시장이 그랬던 거지. 위기가 회복되니 다시 좋아지고 있잖아. 고객들이 좀 참고 기다렸으면 좋았을 텐데……."

"성진아, 네가 증권사 생리를 잘 몰라서 그래. 1999년 초에 어떤 분이 지점으로 전화를 주시더라고. 나, 누구요~ 그러더니 삼성전자 주식을 5,000주 사라고 하셨어. 그때 삼성전자 주가가 4만 원 정도 했었는데 하루 2,000~3,000원 정도 변동은 나한테 일임하시면서 무조건 사라는 거야."

"5,000주나? 부자고객이었나 보네."

"온종일 시세 판만 뚫어져라 바라보면서 최저가에 사려고 얼마나 노력했는지 몰라. 5,000주를 다 사고 보니 그날 최저가에 가까운 가격이더라고. 5,000주에 4만 원이면 하루에 2억 원어치를 산거야. 정말 신나서 고객에게 전화를 걸었어. 최저가에 가까운 가격에 샀다고 은근히 자랑하면서 말씀드렸지. 그리고 왜 삼성전자를 사시냐고 질문을 드렸더니 고객 답변이 정말 실망스럽더라."

"뭐라고 대답하던데?"

"삼성전자 다니는 사위가 주식 사서 5년이고 10년이고 묻어두라고 했다는 거야. 그 말을 들으니까 정말 힘이 쭉 빠지더라."

"우량주에 장기투자하면 좋은 거 아냐? 왜 힘이 빠져?"

“고객이 주식을 거래하지 않으면 우리 지점에 도움이 안 돼. 경험상 이런 고객은 5년이 넘기 전에는 수익률이 100%가 넘어도 절대 팔지 않아. 난 그 고객을 포기하고 말았어. 그때 4만 원 초반이던 주가는 2007년에 75만 원을 찍고, 종합주가가 60% 가까이 폭락할 때도 40만 원이 넘었잖아. 솔직히 나도 여윳돈이 있다면, 삼성전자 주식을 사서 5년이고 10년이고 묻어두고 싶더라고. 하지만 그런 주식도 난 전화를 걸어 팔라고 권유해야 돼.”

언젠가 약정고 달성 때문에 힘들어 죽겠다던 승호의 넋두리가 떠올랐다. 약정고란, 증권사 직원들이 매일 또는 매달 매매해야 하는 할당금액이다.

“요즘엔 증권사도 펀드 많이 팔잖아. 펀드는 주식같이 수시로 매매하는 게 아니니까 좀 관리하기 쉽지 않냐? 나도 은행에서 2년 넘게 펀드 팔았잖아. 힘들긴 해도 관리할 만하던데?”

“네가 PB할 때는 주식시장이 좋을 때였잖아. 아마 종합주가가 50% 넘게 폭락한 때는 펀드 판 PB들도 죽을 맛이었을걸?”

그러고 보니 전 직장동료들도 많이 힘들어했던 기억이 났다.

“주식매매 수수료 수입에 의존하는 걸 탈피하려고 증권사들도 펀드 많이 팔았어. 그런데 너무 공격적으로 펀드를 판 것 같아. 종합주가지수가 2,000포인트 찍고 중국, 인도 증시가 과열됐을 때 한 템포 쉬었어야 했는데 그때 더 많은 펀드를 팔았거든. 고객들이 감당하기 어려울 만큼 지점을 방문하더라고. 번호표 받아놓고 저녁 늦게까지 가입처리해서 그 다음 날 통장을 전달한 고객들이 얼마나 많았는지 몰라."

승호는 정말 지친 듯 힘없이 말했다.

"이제는 정말 신물 난다. 주식시장이 좋을 때는 세상을 다 얻을 것 같이 좋았다가 폭락하면 하루에도 몇 번이나 죽고 싶은 이 생활 말이야."

괴로워하는 승호에게 이런저런 위로의 말을 건네고 늦은 밤 집으로 돌아오는 길에 많은 생각들이 뇌리를 스쳐갔다.

집에 들어가니 친정에 다녀온 아내의 얼굴이 잔뜩 부어 있었다.

"여보, 무슨 화나는 일 있어? 표정이 왜 그래?"

"이것 좀 보세요. 제부가 또 일을 냈나 봐요."

동서 명의의 주식거래내역서였다.

"아니, 동서가 또 주식한 거야?"

아니나 다를까 주식거래내역을 살펴보니 6개월 전에 5,000만 원을 투자했는데 현재 평가액이 2,000만 원이었다. 6개월 만에 3,000만 원을 날린 셈이다.

동서가 주식투자를 시작한 건 벌써 5년도 넘은 일이다. 회사에서 우리사주를 받으면서 주식투자를 시작한 동서는 한때 IT주로 재미를 보기도 했다. 그러나 기쁨도 잠시, 그 이후 매수한 코스닥 종목이 큰 폭으로 하락하면서 5,000만 원이 넘는 손실을 봤다. 그때부터 처제를 비롯한 처가 식구들은 동서가 주식투자하는 것을 매우 불안해했다.

다음 날, 동서가 매매한 종목의 차트와 공시내용을 꼼꼼히 살펴보니 어찌 이럴 수가 있단 말인가? 6개월간 매매한 50개 종목 중 절반에 가까운 종목에서 작전주 냄새가 풍기는 것이 아닌가? 주가가 급등한 이후 취득해 고점을 지나 매도한 종목들이 많았다. 손실은 대부분 이 코스닥 종목에서 생겼다.

더군다나 6개월간 거래 건수가 120회가 넘었다. 하루 평균 한 번씩 거래한 셈이다. 한 종목을 여러 번에 나누어 사고판 경우도 많았지만 매수한 지 며칠 만에 판 경우도 수십 건에 달했다. 중간 중간 매수했던 우량주들도 한 달이 채 되지 않아 매도한 경우가 대부분이었다. 계속 보유했다면 지금쯤 꽤 많은 수익이 발생했을 텐데 말이다.

거실로 나가 아이들과 블록놀이를 하는 아내와 이야기를 나눴다.

"여보, 처제가 많이 속상해하지?"

"당연하죠. 지난번에 손해본 금액이랑 합치면 8,000만 원이나 되잖아요. 그 돈이면 아파트 담보대출을 모두 갚을 수 있는 돈인데 얼마나 답답하겠어요?"

평소 부지런히 맞벌이하면서 알뜰살뜰 돈을 모아 지금 사는 아파트를 대출 끼고 마련한 처제였으니 그러고도 남을 일이었다.

"우량주 몇 개 사서 그냥 묻어두면 좋을 텐데. 지난번에도 그렇고 이번에도 그렇고, 거래한 종목들을 보면 가격이 급등락하는 코스닥 주식들도 많고 가끔 취득한 우량주도 한 달을 못 가서 팔았더라고. 동서도 지금 속이 무지 쓰릴 거야. 지금이라도 갖고 있는 주식 모두 팔고 더 이상 주식투자 안 하는 게 정신건강에 좋을 것 같아. 언제 만나서 얘기 한번 해 봐야겠는데?"

"알았어요. 지금 동생이랑 통화해 볼게요."

네 살 먹은 아들과 거실에서 도라도라 영어비디오를 보며 블록놀이를 하고 있는데 통화를 마친 아내가 말했다.

"여보, 이번 토요일 오후에 동생이랑 제부랑 집으로 온다네요. 당신이 말 좀 잘해 봐요."

"알았어. 너무 걱정하지마. 내가 얘기 잘해볼게."

말은 그렇게 했지만, 동서가 내 말을 기분 나쁘게 들으면 어쩌나 내심 걱정되기도 했다.

딸과 영화를 보고 집으로 돌아가는 길에 전화가 왔다.

"여보, 제부 왔어요. 영화 아직 안 끝났어요?"

4시 30분이나 돼야 온다고 하더니 벌써 도착한 모양이었다.

"아냐, 여보. 거의 다 왔어."

집에 들어가 보니 겸연쩍어하는 동서와 잔뜩 입이 나와 있는 처제가 거실에서 아내와 커피를 마시고 있었다.

"오랜만이야. 김 서방."

"예, 형님. 그동안 잘 계셨죠?"

옷을 갈아입고 동서와 함께 컴퓨터가 있는 서재로 갔다.

"김 서방, 단도직입적으로 말할 테니 너무 기분 나쁘게 듣지 않았으면 좋겠어."

"아니에요. 형님한테 조언 들으러 온 거니까 제게 필요한 말이면 뭐든 해주세요."

혹시나 남의 일에 간섭한다고 기분 나쁘게 듣지나 않을까 걱정했는데 다행이었다.

"주식투자를 꼭 계속해야겠어? 마음고생도 엄청 크고 회사 업무에도 지장 있지 않아?"

"맞아요. 그동안 집사람한테 말은 안 했지만 얼마나 스트레스 받았는지 몰라요. 회사에서 일할 때도 주가가 궁금해서 수시로 화장실 가는 척하면서 확인하기도 하고, 그러다 보니 거래도 더 자주 하게 되더라고요."

"김 서방, 이 그림 좀 봐. 이게 10년 전 내 모습이었어."

"예? 이게 형님 모습이었다고요?"

"그래. 회계법인에 근무할 때였어. 회계사들은 출장을 자주 다니잖아. 출장 가면서도 주식거래단말기를 들고 다니면서 주식거래를 한

거야. 지금이야 휴대폰으로도 주식거래가 되지만 그때는 주식거래단
말기가 따로 있었거든."

개인투자자의 투자행태

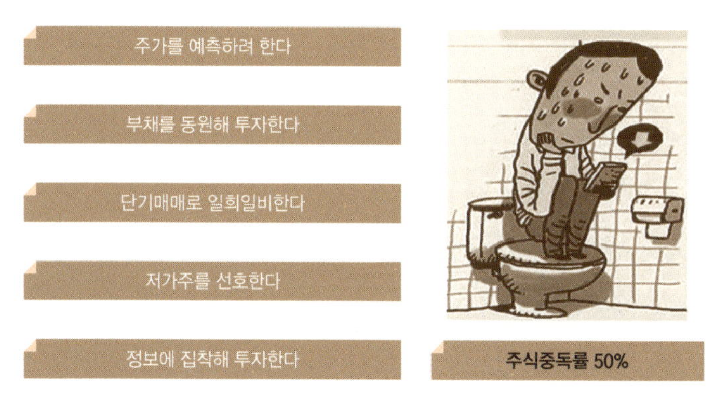

"아니, 형님도 그런 적이 있었단 말이에요?"

"그때는 차트를 분석해서 투자했어. 그러다 보니 자꾸 급등락이
있는 종목을 고르게 되더라고. 대부분 저가주였고, 정보에 의해 움
직이는 종목들이 많았지. 급등락하는 주식을 거래하면 자꾸 단기매
매를 하게 되고, 자연스럽게 차트를 분석해 주가를 예측하려는 버릇
이 생기더라고."

"주식으로 돈을 벌기는 하셨어요?"

"벌긴 뭘 벌어! 마음고생만 진탕하고 주식 수업료로 1,000만 원

넘게 냈어. 그때 주식공부 참 많이 했지. 차트 관련 책만 20권 정도 읽었고 다른 주식 책들도 15권 넘게 읽었으니까."

그때 생각을 떠올리며 차근차근 이야기를 해주었다.

"주식투자를 해보니까 너무 재미있는 거야. 김 서방도 HTS 주식거래프로그램 들어가 봤겠지만 주가가 오르면 빨간색으로 표시되고, 주가가 내리면 파란색으로 표시되잖아. 주식가격이 변하면서 모니터에 빨간색, 파란색이 번쩍번쩍거리는 걸 보면 얼마나 흥미진진하고 자극적인지 모르겠더라고."

동서가 얼굴에 웃음을 띠며 맞장구를 쳤다.

"형님 말이 맞아요. 회사업무하면서 틈틈이 주가 확인하는 게 참 스트레스 받는 일이잖아요. 한 주의 주식시장이 마감하는 금요일 오후 3시가 지나면 속히 후련해져요. 토요일 저녁이 되면 좀 심심해지고, 일요일 저녁이 되면 괜히 HTS 프로그램 틀어놓고 화면을 쳐다보곤 한다니까요……."

"김 서방도 주식중독 초기증세인데? 얼마 전에 신문기사를 봤는데 우리나라 개인투자자들의 50%가 실제로 정신과 치료가 필요한 주식중독증상을 갖고 있대."

"정신과요? 저도 얼른 정신 차려야겠네요. 어떻게 할까요, 형님?"

"예전에 주식투자할 때 아무리 주식 책을 읽고 공부해도 실행할 만한 투자방법을 알아내기가 어려웠어. 그러다가 지금 실행하고 있는 두 가지 주식투자법을 힘들게 찾아냈어."

내가 직접 실행하고 있는 두 가지 투자법이란 말에 동서의 눈이 반짝이기 시작했다.

"이건 우리 같은 직장인이나 자영업자들이 생업에 지장받지 않고 실행할 수 있는 좋은 방법이야."

첫 번째 방법 : 주식저축

"첫 번째 방법은 바로 주식저축이야. 매달 일정금액을 주식에 저축하듯이 투자하는 방법이지. 적금 붓듯이 3~5년 정도 꾸준히 투자하는 거야. 크게 3단계로 이루어져."

주식저축 1단계 ▶ 저평가된 우량주를 3~4개 선정하라

"1단계는 저평가된 우량주를 3~4개 발굴하는 거야. 우량주 발굴은 생각보다 어렵지 않아. 대부분 업종 대표주가 우량주니까. 휴대폰하면 '애니콜', 라면하면 '신라면', 할인점하면 '이마트', 철강제품하면 '포스코'처럼 사람들이 무조건적으로 좋아하는 제품들이 있어. 이런 제품을 만드는 기업이 업종 대표주야. 이런 기업들은 꾸준히 성장하고, 해마다 많은 돈을 벌기 때문에 재무상태가 좋아지는 거야. 그 돈으로 더 좋은 제품을 개발하는 선순환의 구조를 갖게 되지."

"업종 대표주 중에서 특히 더 주목할 만한 종목은 어떤 거예요?"

"우리나라 경제는 수출기업에 의존도가 높고, 앞으로 수출의존도는 갈수록 심해질 테니까 가능하면 수출비중이 높은 기업 중에서 고르는 게 좋겠지? 종목을 선택한 후에는 그 회사가 현재 저평가되었는지를 살펴봐야 해."

"그건 어떻게 판단하죠?"

"두 단계를 거치면서 저평가 여부를 판단해. PER를 계산해서 저평가 여부를 판단한 다음, 차트분석으로 주가수준을 살펴봐."

"무슨 말씀이신지 잘 모르겠어요."

"철강업종의 대표주인 포스코를 예로 들어 설명해 줄게."

(1) PER

2009년 주당 순이익 예상액	5만 원
2010년 1월 말 현재 주가	53만 6,000원
PER	53만 6,000원 / 5만 원
배수	= 10.7배

"포스코의 1주당 가격이 53만 6,000원이고, 이 주식이 1년에 5만 원을 번다면 PER=53만 6,000원/5만 원, 즉 10.7배잖아. 이 말은 지금 당장 53만 6,000원을 주고 1주를 사면, 매년 5만 원씩 돈을 벌어주기 때문에 10.7년이 되면 투자한 원금 53만 6,000원을 회수한다는 뜻이야. 그래서 PER를 '투자원금의 회수기간'이라고도 하지."

PER란 Price Earnings Ratio의 약자로, 주식가격 대비 1주당 이익의 비율을 계산하는 방법이다.

"이자율 5%인 정기예금은 20년을 기다리면 원금 100% 만큼 이자를 받게 되니까, PER가 20이 되는 건가요?”

“정확히 아네. 그럼 PER가 얼마나 돼야 저평가됐다고 볼 수 있을까? 5%짜리 정기예금의 PER가 20이고, 4%짜리 정기예금의 PER는 25이니 주식의 PER는 절대 이보다 높을 수 없어. 즉, 기준이 되는 PER는 20 또는 25야. PER가 10배 미만이면 정기예금에 비해 무척 빨리 원금을 회수하기 때문에 투자하기에 적합한 것이고, PER가 15를 넘어서면 정기예금에 비해 그다지 매력적인 수준이 아닌 거야.”

“포스코의 PER가 10.7이니까 어느 정도 저평가된 상태네요.”

“맞아. 일단 PER 측면에서는 합격이야.”

(2) 차트를 통한 주가수준 파악

“저평가 여부를 확인할 수 있는 또 다른 방법은 일간, 주간, 월간 차트 분석이야. 김 서방도 차트는 읽을 줄 알지?”

차트 이야기를 하자 동서가 머리를 긁적이며 쑥스러워했다.

“대강은 아는데요. 솔직히 잘은 몰라요. 형님이 간단하게 차트 읽는 법 좀 가르쳐 주실래요?”

“그래. 쉽게 설명해 줄게. 차트분석을 다른 말로 기술적 분석이라고도 하잖아. 과거의 주가 움직임이나 거래량 변화를 분석해서 미래의 주가를 예측하는 방법인데, 가장 많이 쓰이는 게 캔들이론이야. 주가흐름을 양초모양으로 표시하는 거지.”

파일 하나를 클릭하자 차트 관련 그림들이 나타났다.

"캔들이론은 하루의 주가를 봉으로 표시해. 오른 날의 봉을 그려 볼까? 아침 9시에 9,000원에서 시작한 주가가 8,500원까지 하락했다 가 10,000원까지 올랐다고 가정해 보자고. 치열한 매매공방을 벌이 다가 오후 3시, 9,500원으로 마감했다면 이날의 봉은 이렇게 그리는 거야. 이것을 양봉이라고 하고, 빨간색(이 책에서는 주황색으로 표현함) 으로 표시해."

양봉, 음봉의 모양

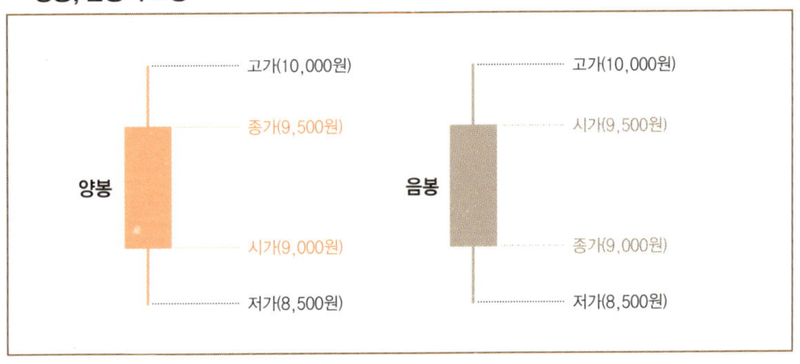

"다음으로 주가가 하락한 날의 봉을 그려볼까? 아침 9시에 9,500 원에서 시작한 주가가 잠깐 올라 10,000원을 찍더니 갑자기 급락해 8,500원까지 빠졌다고 생각해 보자. 치열한 매매공방을 벌이다가 오 후 3시, 9,000원으로 주가가 마감했다면 이날의 봉은 이렇게 그려져. 주가가 내린 봉을 음봉이라고 하고, 파란색(이 책에서는 갈색으로 표현 함)으로 표시해. 그럼, 포스코의 일간차트를 한번 볼까?"

주식거래 사이트로 들어가서 포스코의 일간차트를 화면에 띄웠다.

"빨간색으로 표시된 것은 주가가 오른 날, 파란색으로 표시된 것은 주가가 내린 날이야. 주가는 주기적으로 오르내리고 있고, 주가가 정점에 이르면서 거래량이 증가하는 것을 볼 수 있어. 1월 포스코 주가가 좀 내리고 있네."

포스코의 일간차트

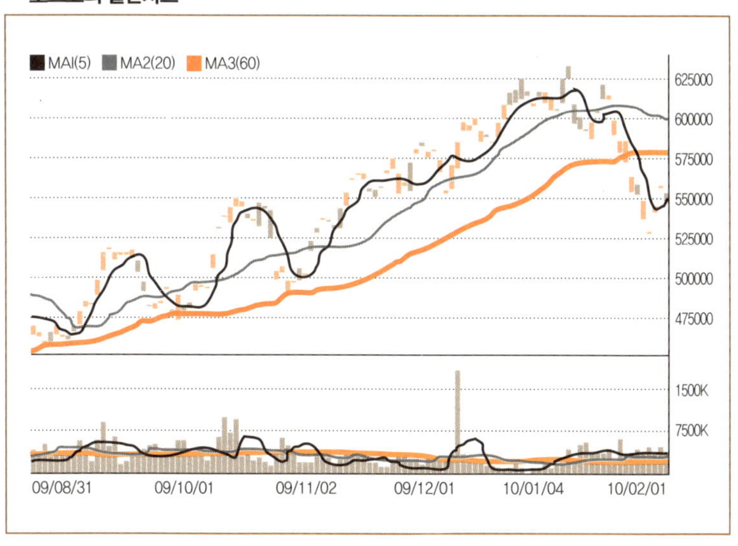

"이렇게 매일 거래량을 나타낸 그래프를 일간차트라고 하는데 여기에 평균가격을 한번 표시해보자. 예를 들어 2010년 1월 2일을 기준으로 해서 5일간 평균, 20일간 평균, 60일간의 평균을 그래프에 찍

어보는 거야.”

‘5일간 평균’이란, 토요일, 일요일을 제외한 5일간의 주가 평균값이다.

“5일 평균선은 그래프에 찍힌 5일 평균값의 점들을 이은 선이 되는 거야. 20일은 20일간, 60일은 60일간의 주가를 평균해서 점을 찍고 그 점을 이으면 되는 거지.”

그래프에 나와 있는 맨 위 검정색의 5일 평균〔MA1(5)〕, 회색의 20일 평균〔MA2(20)〕, 맨 아래의 60일 이동평균〔MA3(60)〕선을 보니, 일정한 규칙이 눈에 보였다.

“뭔가 보이지? 포스코의 주가는 60일 이동평균선을 최저점으로 해서 그 위에서 움직이고 있고, 회색의 20일 이동평균선을 중심으로 5일 이동평균선이 오르락내리락하는 것을 알 수 있어. 여기에 거래량을 같이 고려해 보면 주가 흐름에 대한 일종의 규칙이 있어. 이렇게 차트에서 발견한 법칙에 따라 매수, 매도 타이밍을 잡는 걸 차트투자, 기술적 분석투자법이라고 해. 주간 주가변동을 표시하면 주봉차트, 월간 주가변동을 표시하면 월봉차트라고 불러.”

동서가 어느 정도 차트를 이해했다는 표정으로 고개를 끄덕였다.

“그럼 좀 전에 우량주로 골랐던 포스코의 월간차트를 보면서 현재 포스코 주가가 어느 수준인지 볼까? 2007년 겨울, 최고 주가 70만 원을 찍고 글로벌 금융위기 후 줄곧 폭락하던 주가는 2008년 여름, A시점 들어서 30만 원을 기점으로 재반등해 현재 53만 6,000원

수준이야. 굵게 표시된 60개월 평균 이동평균선이 가장 아래에서 기준선 역할을 하고 있지.”

동서는 차트를 자세히 들여다보았다.

포스코의 월간차트

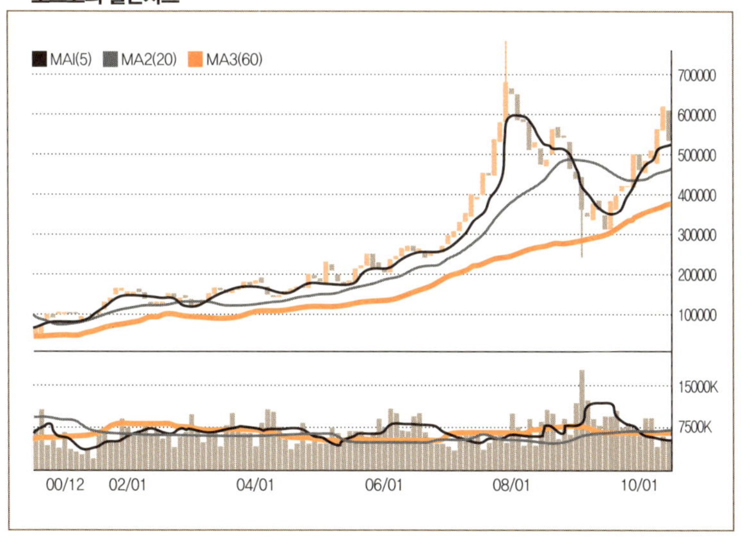

“2009년부터는 60개월 이동평균선 위에 20개월과 5개월 이동평균선이 위치하면서 주가가 상승하고 있는 게 보이지? 2010년 1월 말 주가 53만 6,000원인 포스코는 어느 정도 저평가되어 있으면서 주가도 상승국면에 있는 거야. 그런데 이게 끝이 아니야.”

“형님, 그럼 또 남은 게 있어요?”

"마지막으로 주간차트를 봐야 해. 60만 원을 찍고는 줄곧 하락추세에 있지? 지금은 단기적으로 하락 중이라는 거야. 일간차트도 단기적으로 하락 중이었잖아. 즉, 포스코의 PER는 10.7배로 저평가되어 있지만 현재는 하락 중이니 주가가 상승추세로 전환할 때까지 투자를 잠시 미루는 거야."

포스코의 주간차트

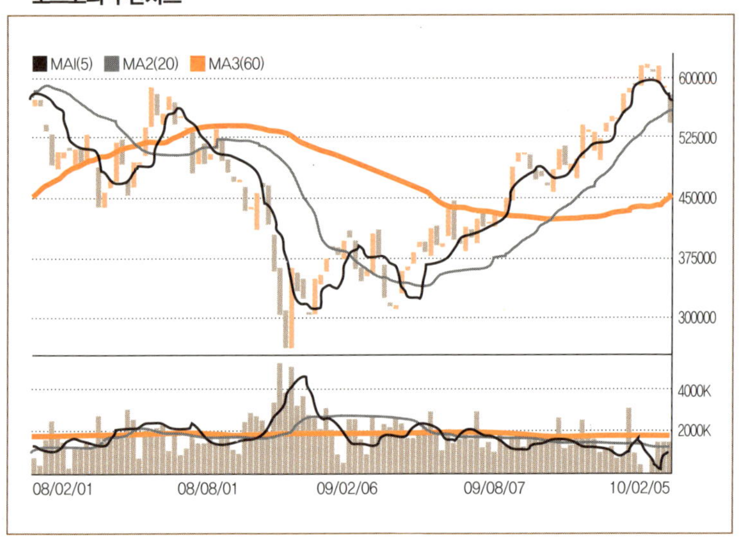

주식저축 2단계 ▶ 적금 불입하듯 꾸준히 투자하라

"1단계에서 종목을 선택하고 주가수준을 파악했다면 꾸준히 주식저축할 일만 남았어. 매월 저축할 돈이 50만 원이라면 우량주 3~4

종목을 나누어서 사면 되는 거야. 물론 70만 원이 넘는 삼성전자 같은 주식은 살 수 없어. 이럴 때는 두 달 치를 모은 돈 100만 원으로 삼성전자 주식 1주와 현대차 주식 2주를 사는 거야."

"진짜 저축하듯 차곡차곡 모으는 거네요?"

"그렇지. 가끔 보너스나 정기적금 만기로 1,000만 원 정도 목돈이 들어오면 500만 원 정도는 정기예금으로 예치하고, 나머지 500만 원 정도를 몇 번에 나누어 3~4개 종목을 사면 되는 거야."

"형님, 그런데 그렇게 투자해서 언제 돈 벌어요? 코스닥 종목은 잘만 고르면 일주일 만에 30~40%도 벌 수 있는데요?"

"김 서방 말대로 일주일 만에 30~40% 벌 수도 있지만 반대로 일주일 만에 30~40%를 날릴 수도 있는 게 코스닥 주식이잖아. 계속 코스닥 저가주들만 거래하면서 언제 회사업무에 전념하고 자기계발해서 승진할래? 우량주 3~4개에 저축하는 것만으로도 연 15% 정도의 수익률은 기대할 수 있으니까 10년만 꾸준히 투자해 봐. 나중에 엄청 큰돈이 될 거야."

주식저축 3단계 ▶ 주기적으로 재조정하라

"마지막 단계는 몇 년마다 저축한 주식을 파는 거야. 우량주라도 주식시장이 활황이어서 너무 비싸지면 다시 하락하거든. 그러니까 너무 고평가된 듯하면 주식을 파는 거야."

"주식을 살 때보다 팔 때가 더 어려운 것 같던데요. 주식이 고평가

된 줄은 어떻게 알아요?”

참 어렵고도 중요한 질문이었다. 신이 아닌 이상 가장 비싼 가격에 주식을 판다는 것은 불가능하기 때문이다.

“두 가지 방법으로 고평가 여부를 짐작해. 첫째는 PER가 15를 넘어 20에 근접하면 고평가된다는 거고, 둘째는 신문기사에서 주가상승으로 모두들 샴페인을 터뜨리고, 주부들이 유모차를 끌고 증권사 객장에 나타나면 고평가된다는 증거야. 그때 주식을 파는 거지.”

“다 팔아요? 아니면 반만 팔아요?”

동서가 또 다시 어려운 질문을 던졌다.

“나 같은 경우에는 두 번에 나눠 팔아. 고평가 징후가 보이면 먼저 1/3을 팔아. 그런 다음 기다리다가 고평가 징후가 더욱 심해지면 또 1/3을 팔아.”

“나머지 1/3은 안 파세요?”

“응, 나머지 1/3은 안 팔아. 정말 고평가된 건지 정확히 알 수도 없고, 언제든 주식은 다시 오를 수 있으니까. 물론 IMF 같은 급박한 상황이라면 나머지도 팔아야지. 주식 판 돈은 짧은 만기의 정기예금이나 MMF(Money Market Funds), MMDA(Money Market Deposit Account)에 넣어두고 주식가격이 다시 저평가되기를 기다리는 거야.”

“형님은 지금 어떤 주식을 갖고 계세요?”

“난 포스코, 현대모비스, 현대차, 삼성전자, 이렇게 4개 종목에 꾸준히 주식저축을 하고 있는데 최근에 현대중공업도 새로 편입했어.

매달 적립식으로 모으니까 부담도 적고 수익률도 생각보다 괜찮아.”

“회사의 가치를 고려해 저평가된 주식을 선택하고, 차트를 통해 적립식으로 투자한 뒤, 자기 가치에 근접할 때 주기적으로 팔면 된다는 말이죠?”

“맞아, 김 서방. 잘 이해했네.”

두 번째 방법: 간접투자

“주식저축이 말은 쉽지만, 막상 하려면 어려울 때가 많아. 실제로 저축한 주식이 꽤 많이 오르거나 떨어지면 그걸 못 참거든. 꾸준히 상승해서 제 가치 이상으로 주가가 오를 때까지 참기가 어려워.”

“맞아요. 저도 가끔 우량주를 살 때가 있는데요. 몇 개월을 넘기지 못하고 팔더라고요.”

그 순간 1998년 회계사로 일할 때 방문했던 삼성전자 구미공장에서 삼성전자 주식 1억 원어치를 갖고 있던 과장님이 생각났다. 옛날 생각을 하며 컴퓨터에서 삼성전자의 월간차트를 조회했다.

“삼성전자 월간차트네요. 형님.”

“응. 회계사로 일할 때 삼성전자 구미공장에 근무하던 과장님 한 분을 만난 적이 있어. 그때가 1998년이었을 거야. 그 과장님은 회사에서 도입한 우리사주 프로그램으로 시세보다 좀 싸게 삼성전자 주식을 사서, 1억 원어치를 갖고 계시더라고.”

“우와~ 1998년에 삼성전자 주식 1억 원이면 지금 엄청난 부자가 됐겠네요?”

“얼마나 올랐는지 한번 볼까?”

삼성전자 월간차트

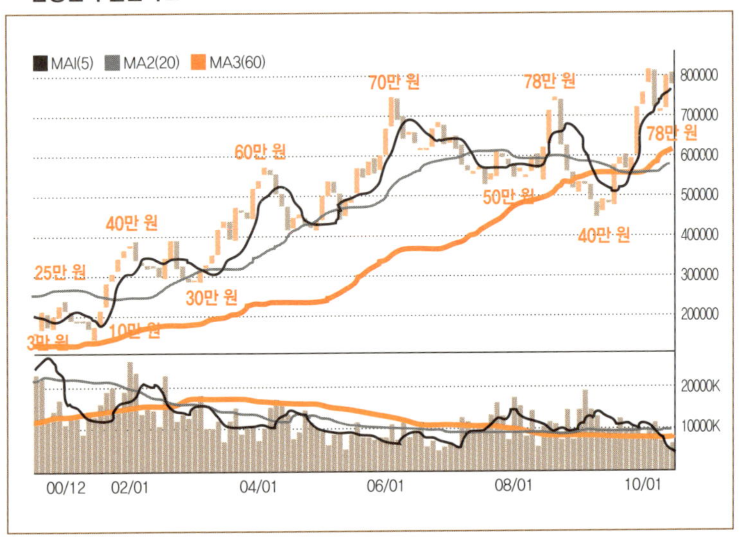

IMF 직후 3만 원대까지 빠졌던 삼성전자의 주가는 1년 반 후인 2000년 1월, 40만 원까지 치솟았다. 그러다가 6개월 만에 다시 10만 원으로 폭락했다. 그 후 오르락내리락을 반복하더니 2010년 1월 말, 드디어 78만 원이 되었다.

만약 그 과장님이 지금까지 주식을 보유했다면 주식가치는 어떻게 변했을까?

10년간 주식의 가치 변동

1억 원 투자 시	3만 원	25만 원	10만 원	40만 원	60만 원	40만 원	78만 원
	1억 원	8.3억 원	3.3억 원	13억 원	20억 원	13억 원	26억 원

1998년 가을, 평가액 1억 원이었던 과장님의 주식은 2010년 1월 말, 평가액이 무려 26억 원이었다. 정말 놀라운 수치였다.

"와~ 26억 원이네요? 지금도 그분 만나세요?"

"아니. 회계법인 그만둔 지가 언젠데 당연히 안 만나지. 안타까운 건 그 과장님은 1999년 초, 삼성전자 주가가 8만 원을 찍을 때 쾌재를 부르며 주식을 몽땅 팔았다는 거야. 2배가 넘는 투자수익을 거뒀으니 사실 꽤 성공한 투자라고 생각할 만도 하지. 그런데 지나고 보니 그때 주식을 판 건 정말 바보 같은 짓이었던 거야."

갑자기 이야기를 멈추고 동서에게 질문을 던졌다.

"김 서방이나 나였다면 지금까지 그 주식을 가지고 있었을까?"

고개를 저으며 동서가 대답했다.

"저였어도 중간에 팔았을 거예요. 1억이던 주식이 2억이 넘었는데 그걸 어떻게 두고 봐요?"

그렇다. 평가금액 1억이었던 주식이 1년 반 만에 8.3억으로 왕창 올랐다가는 6개월 만에 다시 3.3억으로 폭락해 5억이 날아간다면 얼마나 가슴이 철렁했을까? 순식간에 다시 13억을 거쳐 20억으로 불어났다가는 또 다시 13억으로 폭락한다. 그러다가 현재의 26억이 된다면 정말 웬만큼 돈에 무던한 사람이 아니고서는 도저히 그 가격변동을 감당하기 어려울 것이다.

"김 서방, 이래서 주식투자로 큰돈을 번 보통 사람이 거의 없는 거야. 중간에 팔아서 다시 주식을 살 때는 이익금을 빼고 원금만 투자하거든. 그럼 우리 같은 사람들은 절대 주식투자를 하지 말아야 할까? 난 그렇게 생각하지 않아. 요즘 같은 저금리 시대에 정기예금만으로는 도저히 돈을 모으기가 어렵잖아. 이럴 땐 간접투자를 하면 돼. 펀드에 투자하는 거지."

펀드투자라는 말에 동서가 곧장 반기를 들고 나섰다.

"형님, 제 주위에 펀드 때문에 마음고생하는 분들이 얼마나 많은데요. 펀드도 결국 주식투자랑 다를 게 없더라고요."

"그래. 펀드도 주식투자랑 근본적인 차이는 없어. 예를 들어 미래에셋의 '디스커버리'라는 국내주식형펀드에 1,000만 원을 투자하면, 펀드매니저가 50개 안팎의 국내 대형 우량주식에 그 돈을 투자하는 거야."

디스커버리는 일부 금액을 제외하면 모두 삼성전자, 현대차, LG전자, 포스코 같은 대형주식에 투자하는 펀드로, 펀드매니저가 투자자 대신 주식을 골라 사줄 뿐 직접투자와 효과는 같다.

"문제는 사람들이 펀드를 너무 쉽게 생각한다는 거야. 어떤 사람들은 가입만 하면 15%짜리 적금처럼 무조건 이익이 난다고 생각하는 사람들도 있어."

"2007년 말쯤 사람들이 펀드에 막 가입했던 것 같아요."

"맞아. 종합주가지수가 2,000포인트를 찍을 무렵 수많은 사람들이 국내주식형펀드, 인도, 중국펀드에 가입했어. 거의 묻지 마 수준의 투자더라고. 그러다가 미국의 서브프라임 모기지 사태로 불어닥친 글로벌 금융위기로 2008년 10월에는 장중 한때 900선이 붕괴되기도 할 만큼 주식시장이 폭락했잖아."

당시 내 주변에도 무작정 가입한 펀드 때문에 걱정하는 사람들이 많았다.

"그즈음 마이너스 50%를 넘나드는 펀드손실은 사람들의 주된 대화거리였어. 많은 사람들이 자기에게 펀드투자를 권유한 은행이나 증권사 PB를 원망하는가 하면, 일부 고객은 금융기관을 상대로 소송을 벌이기도 했지. 이런 문제는 주식투자에 근본적인 문제가 있거나 간접투자 방식에 문제가 있었기 때문은 아니야. 모두 원칙을 지키지 않은 투자에서 비롯된 거지."

"형님! 좋은 펀드는 어떻게 골라요? 저도 주식투자 그만하고 펀드에 묻어두고 직장생활이나 열심히 할까 봐요."

간만에 동서가 기특한 소리를 했다.

"몇 가지 원칙이 있어. 잘 들어 봐."

펀드투자 성공원칙 1 ▶펀드의 종류를 분류하라

"펀드는 통상 1~2명 정도의 펀드매니저가 고객의 돈 수백, 수천

억 원을 운영하는 거야. 그들은 자기 마음대로 운용하는 것이 아니라 설정 당시 내세운 운용철학에 맞춰 운용해. 국내안정주식형은 대형우량주에, 국내공격주식형은 중소형주에, 안정채권형은 국공채 위주로 운용하지. 그래서 펀드투자를 위해서는 주식형으로 운용할지 아니면 채권과 주식을 혼합해서 운용할지, 주식형이라도 대형우량주로 운용할지, 중소형주로 운용할지를 결정해야 해.”

“저 같은 경우에는 뭘 하는 게 좋죠?”

“먼저 투자하는 목적을 생각해 봐. 2~3년 뒤에 써야 할 돈인지, 아니면 노후 때까지 그냥 묻어둘 수 있는 돈인지에 따라 투자하는 펀드 종류가 달라져야 하거든. ”

“지난번에 보험회사 다니는 친구한테 변액유니버셜에 대해서 설명을 들을 적 있는데요. 펀드랑 비슷하던데요?”

“맞아. 펀드를 보험상품으로 바꾸어 놓았다고 생각하면 돼. 변액이란 말은 불입보험료를 마음대로 바꿀 수 있다는 뜻이고, 유니버셜이란 뜻은 중간에 인출이 자유롭다는 뜻이거든.”

“그럼 펀드랑 뭐가 달라요?”

“투자상품이되 보험상품이기 때문에 약간 특성이 다른 부분이 있어. 사고에 대비한 보장성 부분이 추가되어 있고, 펀드에 비해 수수료를 덜 떼는 대신 사업비를 떼어가. 변액유니버셜도 저축성보험에 들어가기 때문에 10년만 넘게 가입하면 이자소득세가 전혀 없지."

펀드와 변액유니버셜 중 어떤 게 더 좋냐는 동서의 물음에 다시 설명을 이어나갔다.

"똑같은 곳에 투자된다고 가정할 때 대략 10년 정도 지나면 변액유니버셜 수익률이 펀드 수익률보다 좋아. 그러니까 10년 이상 투자할 거면 변액유니버셜로 해서 비과세까지 받는 게 유리하고, 그 이하 기간이면 펀드로 가입하는 게 좋아."

펀드투자 성공원칙 2 ▶ 규모가 있고 꾸준한 수익을 내는 펀드를 선택하라

"똑같은 주식형펀드라도 종류가 많다는 거 알지? UBS, BNP파리바, PCA, 슈로더, 메릴린치, 피델리티와 같은 외국계 운용사가 만든 펀드도 있고, 우리나라의 미래에셋, 삼성투신, KTB, 마이다스 등 국내 운용사가 만든 펀드도 있어."

"뭐가 다른지 잘 모르겠어요."

"처음 펀드를 고를 때는 좀 헷갈리기도 해. 하지만 이것만 기억하면 돼. 외국계 운용사든 국내 운용사든 믿을 만한 운용사 걸로 고르되, 규모가 1,000억 원 안팎 되는 펀드 중에서 최소한 3년 이상 꾸준히 수익내는 펀드를 골라야 한다는 거야."

펀드투자 성공원칙 3 ▶ 여러 펀드에 분산투자하라

"세 번째 원칙은 하나의 펀드에 모든 돈을 투자하지 말고 2~3개

펀드에 나누어 투자해야 한다는 거야. 펀드 한 개가 통상 30개 이상 종목에 투자되기는 해. 그래도 국내주식형펀드와 국내혼합형펀드, 브릭스펀드에 나누어서 투자하면 더욱 훌륭한 분산투자가 되는 거지. 그만큼 위험이 줄어드니까."

펀드투자 성공원칙 4 ▶ 가능하면 적립식으로 투자하라

영규를 만났을 때 종목과 시간에 대한 분산투자를 차례로 얘기했던 것처럼, 동서에게도 시간분산에 대한 중요성까지 짚어주었다.

"시간분산도 중요한 투자원칙 중 하나야. 주식저축하는 방법과 똑같이 매월 또는 분기별로 꾸준히 펀드에 불입하면 그만큼 안정성이 높아져."

"형님도 펀드에 투자하세요? 아까 몇 개 주식에 저축하듯이 투자한다고 하셨잖아요?"

"주식저축도 하고 펀드에도 투자해. 매달 주식부분으로 모으는 돈 중 절반은 주식저축으로 들어가고, 나머지 절반은 3개 펀드에 들어가고 있어. 국내대형주에 투자되는 주식형펀드랑 혼합형펀드, 브릭스펀드 이렇게 3개에 1/3씩 불입하고 있어."

펀드투자 성공원칙 5 ▶ 장기로 투자하라

"자. 이제 마지막 주의사항이야. 펀드매니저가 거액의 펀드를 운용하면 자기돈 몇천만 원 투자할 때와는 다르게 민첩한 투자를 하기가 쉽지 않아. 주식시장이 급락한다고 펀드가 보유 중인 모든 주식을 팔아치우진 않지. 그래서 주식시장이 급락하면 아무리 적립식으로 분산해서 펀드에 투자한다 하더라도 단기간에 큰 손해를 볼 수 있어. 2008년 글로벌 금융위기 때 그랬던 것처럼.”

“그럼, 펀드 환매해야 하는 거 아니에요? 왜 ‘떨어지는 칼날을 잡지 마라.’라는 증시 격언도 있잖아요. 글로벌 금융위기 때는 저처럼 차트를 잘 모르는 사람이 봐도 앞으로 수개월간 주가가 빠질거라는 게 금방 예상되던데요?”

“맞아. 그리고 펀드투자도 주식저축과 똑같이 주식시장이 활황이어서 가격이 너무 고평가되면 환매해야 해.”

궁금해하는 동서에게 환매하는 방식을 알려주었다.

“나는 두 번에 나누어서 환매해. 고평가 징후가 보이면 먼저 1/3을 환매해. 고평가 징후가 더욱 심해지면서 주식시장이 폭락하기 시작하면 다음 1/3을 환매해. 나머지 1/3은 그대로 놔둬. 아까 1/3의 주식을 안 파는 거랑 똑같은 이유야.”

설명에 이어 마지막 원칙인 장기투자에 대한 이야기도 다시 강조했다.

“김 서방. 주식형펀드 같은 경우에는 중간에 환매하지만, 연금펀드랑 혼합형펀드는 환매 없이 그냥 쭉 가져가는 게 좋아. 연금펀드를 중간에 환매하면 세제상 불이익도 있고, 어차피 노후에 받을 연금을 목적으로 한 펀드잖아. 그리고 혼합형펀드는 주식과 채권이 섞여 있기 때문에 주식이 빠지면 채권 쪽에서 이익이 나기도 해. 그래서 변동 폭이 주식형만큼 크지 않으니까 장기간 투자해도 안정적인 수익률이 나오거든."

조용히 내 말을 듣던 동서가 머릿속으로 정리하듯 생각하더니 말했다.

"그럼, 형님. 제가 가입할 만한 펀드 몇 개만 추천해 주세요."

"음~ 보자. 연금펀드 들었어?"

"아니요. 이상하게 펀드로 연금을 든다는 게 생소하게 느껴져서요."

"연금펀드도 일반 연금과 크게 다르지 않아. 주식형, 혼합형, 채권형 이렇게 종류도 다양하게 있지. 불입할 때 1년에 300만 원, 월 25만 원까지 불입하는 금액에 대해서 소득공제도 해주고, 펀드이익에 대해 이자소득세를 과세하지도 않아. 대신 나이 들어 연금을 수령할 때 연금소득세를 과세하는데 그 금액은 그렇게 크지 않아."

"그럼 혼합형으로 가입해서 매달 25만 원씩 한 10여 년 불입하고, 나중에 은퇴한 다음에 연금펀드에서 생활비 타 쓰면 되겠네요?"

"빙고~ 맞아. 그러면 돼. 나머지 여유자금은 국내주식형펀드 하나랑 해외펀드 하나 들어서 꾸준히 불입해 봐. 연 15% 안팎의 수익률은 충분히 달성할 수 있어."

"마지막으로 몇 가지 당부를 좀 할게. 주식투자를 하든 펀드에 가입하든 이것만은 꼭 기억하고 지켜야 해."

동서가 귀를 쫑긋 세우고 집중했다.

"주식투자는 꼭 여유자금으로 해야 해. 만약 김 서방이 아파트 중도금 낼 돈으로 주식투자를 한다고 생각해 봐. 절대로 원칙을 지키면서 투자할 수 없어. 매일매일 변하는 주가 앞에서 가슴이 콩닥콩닥 걷잡을 수 없이 뛸걸? 그 어느 투자원칙보다 중요한 기본 중의 기본적인 투자원칙은 여유자금으로 투자하는 거야."

"네, 명심할게요. 꼭 지켜야 할 게 또 있나요?"

"주식투자에 올인하면 안 된다는 거야. 많은 사람이 금융자산 전부를 주식에 투자하는 경우가 있는데, 만약 주식이 휴지가 되면 돈을 건질 방법이 없어."

"그럼, 어느 정도를 투자해야 적당한 건데요?"

"자기에게 적당한 주식투자비율은 '100-자기나이'라고 알려져 있잖아. 예를 들어 40세인 사람은 100-40=60, 즉 금융자산의 60%를 주식에 투자하고 40%는 예금이나 채권 같은 안정자산에 투자하라는 말이지. 이를 달리 해석하면 60%가 몽땅 날아가도 남은 40%로 먹고살 수 있다는 뜻이야."

이야기를 듣던 동서가 웃으며 말했다.

"전 그보다 어리니까 더 많이 투자해도 괜찮겠네요?"

"굳이 따져보지 않아도, 어느 정도의 위험을 감수할 수 있을지는 금방 알 수 있잖아. 보통 50% 안팎일 거야. 그리고 최소한 6개월 또는 1년에 한 번씩 주식과 안정자산의 비율을 목표비율에 맞추는 리

"그건 또 뭔데요?"

"예를 들어 김 서방이 주식 : 예금=50 : 50으로 정한 뒤 주식이나 펀드에 투자했는데, 그 이후 주가가 엄청나게 오르면서 주식 : 예금 비율이 60 : 40 또는 70 : 30으로 변했다고 하자. 그럼 6개월 또는 1년에 한 번씩 주식이나 펀드의 일부를 파는 거야. 그 돈을 예금에 넣어서 다시 주식 : 예금=50 : 50으로 맞춰주는 거지."

"아~ 그럼 좀 더 안정적으로 투자할 수 있겠네요."

"그렇지. 주식시장은 경기변동에 따라 주기적으로 등락을 반복하니까 주기적인 자산 리밸런싱으로 앞으로 닥쳐올지 모르는 주가 하락에 대비해야 해."

"투자 목적으로는 수입의 몇 %나 적립해야 하는 거죠? 맘 같아서는 많을수록 좋겠지만 그래도 최소 비율이 있을 것 아니에요?"

"은퇴를 위한 연금상품 외에 주식, 펀드 등의 투자상품에는 최소한 자기 수입의 10~15%는 적립해야 나중에 풍요로운 삶을 살 수 있어."

어떤 사람들은 주식투자를 도박이라고 말하기도 한다. 그래서 절대 주식투자를 하지 말아야 한다고 주장한다. 솔직히 안정적인 은행 예적금만으로도 충분하다면야 굳이 주식투자를 할 필요가 없을지도 모른다.

하지만 그리 많지 않은 월급 중 일정액을 떼어 그 돈으로 풍요로운 처제 내외와 오랜만에 저녁을 같이 하기 위해 뭘 먹을까 고민하다가, 초밥이 먹고 싶다는 딸아이의 말에 근처 백화점에 있는 회전초밥집으로 향했다.

10여 분을 걸어 백화점 1층 문을 열고 들어서자, 고급 브랜드의 화장품과 귀금속들이 보였다. 위층으로 오르는 에스컬레이터를 타자, 층마다 전시된 휘황찬란한 고급가구, 각종 명품들이 눈에 들어왔다.

백화점에 올 때마다 느끼는 거지만 왜 이렇게 비싼 건지 모르겠다. 그러면서도 '돈만 많으면 식구들에게 저런 물건들을 원 없이 사 줄 수 있을 텐데……' 하는 아쉬운 마음이 가끔 들기도 한다.

언젠가 20억짜리 고급 아파트에 사는 고객 집을 방문한 적이 있다. 아파트 주차장 출입구에서부터 젊고 세련된 경비원이 출입을 체크하고, 주차장의 차량 절반 이상이 외제 승용차였다. 고급스럽게 치장된 엘리베이터를 타고 올라가 현관문을 열고 들어가니, 화려하고 멋진 인테리어의 넓은 공간이 펼쳐져 있었다.

확실히 이런 아파트에 살면 인생 자체가 풍요롭게 느껴지고 '나는 남들과 구별된 선택받은 사람이다.'라는 생각이 절로 들 것이다. 그래서 수많은 사람이 무리해서라도 좋은 아파트에 살고 싶어 하는지도 모른다.

이 모든 것은 결국 돈의 힘에서 나온다.

'돈……'

세상에 돈을 싫어하는 사람이 있을까?

하지만 PB센터의 PB팀장으로 일하면서 세상에 돈이 전부는 아니라는 사실을 깨달은 지 오래였다.

돈으로도 살 수 없는 행복을 지켜라!

돈이 전부가 아니다

즐겁게 일하는 것이 행복의 지름길

삶의 가치를 높여주는 부부금실

모든 것은 마음먹기에 달렸다

돈이 전부가 아니다

거실 창문을 열자 시원한 공기와 함께 저 멀리 대모산의 예쁘게 물든 단풍이 한눈에 들어왔다. 올해도 이제 몇 달만 지나면 끝이라 생각하니 좀 더 열심히 살지 못했음이 후회되기도 했다.

잠시 밖을 바라보며 생각에 잠겨 있는데 휴대폰의 벨이 울려대기 시작했다. 최 교수님이었다.

최 교수님은 33년의 대학교수 생활을 끝으로, 6개월 전에 은퇴하셨다. 젊었을 때부터 돈 관리를 철저히 하시고, 노후준비도 열심히 하신 덕분에 사학연금과 개인연금으로 풍족한 노후를 보내고 계신다. 경제적으로 여유롭다 보니, 은퇴 후에도 주변 사람들과 자주 교류하며 행복한 인생을 즐기시는 중이다.

"예~ 교수님. 오랜만이에요. 잘 지내시죠?"

“그래. 정 교수도 잘 지내고 있지?”

“그러네요. 교수님. 시간이 참 빨라요. 언제 한 번 봬야 할 텐데요.”

“말 나온 김에 얼굴 한번 보자고. 이번 토요일에 시간 있어? 학교 가까운 데로 등산이나 가지. 내려와서 맛있는 것도 먹고……. 좀 전에 박 교수한테도 전화했는데 박 교수도 갈 수 있다고 하던데?”

같은 학과에서 강의하고 계신 박 교수님도 오신다니, 오랜만에 두 교수님을 함께 뵐 수 있는 기회였다.

“예, 교수님. 어느 산으로 가실 거예요? 제가 오후 4시까지 광화문에 가야 하거든요.”

“걱정 마. 북한산으로 갈 건데 중간에 좀 쉬어도 왕복 3시간 30분이면 충분해. 오전 10시까지 불광동에 있는 진관사 앞 공원 주차장으로 오라고.”

전화를 끊고 북한산 국립공원 홈페이지를 찾아 진관사에서 출발하는 등산코스를 조회해 보니, 총 산행거리 6.5km, 산행시간 3시간 남짓한 거리였다.

다음날 아침. 금요일 저녁에 강의를 해서 그런지 몸이 다소 찌뿌듯하긴 했지만, 등산으로 피로를 풀자는 마음으로 천천히 집을 나섰다.

기자촌 사거리에서 직진하다 진관사 표지판을 보고 우회전했다. 공원 주차장이 눈에 들어왔다. 최 교수님과 박 교수님이 이미 와 계셨다.

두 교수님과 인사를 나누고 있는데 박 교수님의 지인이 한 분 더 오셨다. 공군사관학교 졸업 후 공군장교로 근무하다가 현재 항공 관련 회사의 전무로 계신 친구 분이셨다.

"안녕하세요? 임익수입니다. 이렇게 동행할 수 있게 해주셔서 감사합니다."

서로 인사를 하며 등산로에 들어서자 진관공원 지킴터가 눈에 들어온다. 그때 박 교수님이 먼저 질문을 하셨다.

"최 교수님. 오늘은 어디까지 다녀오실 거예요?"

"어~ 박 교수. 향로봉까지만 다녀오자고. 예전에는 더 멀리도 갔는데 이제 일흔이 내일모레다 보니 향로봉까지만 다녀와도 힘들어."

"향로봉이면 진관사를 거쳐 곧장 올라갔다가, 내려올 때는 사모바위 거쳐서 응봉능선을 따라 다시 여기까지 오면 될 것 같은데요?"

"아니, 박 교수가 여기 등산로를 어떻게 그렇게 잘 알아?"

"제가 이래 봬도 예전에 등산 마니아였어요. 전국의 웬만한 산들은 다 다녀봤다니까요. 북한산도 사이사이 안 다녀본 길이 없어요."

그때 '향로봉 2.4km'라는 표지판이 눈에 들어왔다. 향로봉으로 방향을 틀면서 최 교수님이 말씀하셨다.

"내 친구 중에 말이야, 200억대 부자가 있어. 그런데 얼마 전에 나한테 전화를 해서는 인생이 너무 외롭다고 하소연을 하더라고."

"아니, 200억대 부자가 뭐 때문에 외롭다는 거예요? 전 20억만 있어도 엄청 바쁘게 살 것 같은데요?"

　200억대 부자라는 최 교수님 친구 분의 말을 듣자니, 몇 년 전 은행 PB센터에서 근무할 때의 일이 떠올랐다.

　근무하던 곳이 일반 지점이 아니라 은행 전체에 몇 개 없는 PB센터라서, 고객들이 은행에 맡긴 돈이 보통 10억 원을 넘었다. 일부 고객은 수백억 원의 돈을 맡긴 경우도 있었다.

　우리나라 부자고객들의 재산이 금융자산보다 부동산이 더 많고, 대부분 고객들이 2~3개 은행을 복수로 거래한다는 걸 고려하면 내가 관리하던 고객들의 평균 재산이 40~50억 원은 족히 넘었다.

　그런데 PB센터로 옮기고 놀란 것은 고객들의 행복도가 생각보다 그리 높지 않다는 사실이었다.

　옛날 생각을 하면서 내가 말문을 열었다.

　"맞아요, 교수님. 제가 예전에 은행에 근무할 때 봐도 돈이 많다고 꼭 그만큼 더 행복한 건 아니더라고요. 돈이 많은 고객 분들을 보면 확실히 편하게 살긴 하세요. 크고 좋은 집에 살고 비싼 차타고 다니면서 돈 걱정 없이 사니까요. 하지만 그 돈이 또 다른 불행거리를 만들기도 하던데요?"

　"정 교수 말이 맞아. 내 친구도 재산 때문에 마음이 참 많이 상했어. 5년 전에 아내가 암으로 세상을 떠나면서 혼자 됐는데 재혼을 하고 싶어도 자식들 때문에 그럴 수가 없대."

　"아니, 자식들 때문에 재혼을 못하다니요? 왜요?"

　"뻔하지, 뭐. 새어머니가 들어오면 재산상속권이 생기잖아. 자기들이 상속받을 재산을 남이 들어와 가져가는 걸 어느 자식이 좋아하겠어?”

최 교수님이 혀를 차며 말씀하시자, 박 교수님이 흥분한 목소리로 이야기를 이어가셨다.

“아니~ 뭐 그런 놈들이 다 있대요? 재산이 200억이 넘으면 새어머니가 들어와서 물려받을 재산이 좀 줄어든다고 하더라도 엄청난 재산을 상속받을 거 아녜요?”

문득, 예전에 은행에서 관리하던 85세 할머니 고객이 생각났다. 10여 년 전 할아버지를 잃으신 할머니는 아들이 둘이나 있음에도 불구하고 혼자 살고 계셨다. 할아버지가 돌아가시면서 100억도 넘는 재산을 물려받은 큰아들은 한 번도 할머니를 찾은 적이 없다고 했다. 50억을 물려받은 둘째 아들도 미국으로 이민가서는 1년에 한두 번 한국에 있는 건물관리를 위해 방문할 때만 할머니를 찾는 게 전부였다.

정말 놀라운 것은 둘째 아들이 할머니가 보유 중인 전세금과 은행 예금 8억 원을 모두 자신에게 상속한다는 유언장을 할머니에게 작성토록 한 것이다. 재산이 50억이 넘게 있어도 홀로 외롭게 사시는 어머니의 돈이 탐났던 모양이다. 사람이 그리워 은행직원이랑 국수 한 그릇 먹는 걸 너무 행복해하셨던 할머니를 떠올리며 내가 이야기를 꺼냈다.

“박 교수님. 제가 은행에 근무할 때 보니까요, 가장 행복한 고객은 자기 집 한 채에 노후걱정 없는 정도의 금융상품, 그리고 확실한 자기 직업을 가지고 열심히 사는 분들이더라고요. 그런 분들이 치열한 마인드로 자녀교육도 잘 시켜서 그런지 자녀 분들도 잘 풀리고 말이에요.”

이야기를 나누며 발길을 재촉하자 어느덧 응봉능선에 이르렀고 향로봉과 그 뒤로 은평구 일대, 저 멀리 고양시가 한눈에 들어왔다. 향로봉에 이르러 물을 마시고, 사모바위로 발길을 돌렸다.

“정 교수. 젊어서부터 정 교수 인생을 좀 챙기라고. 돈은 노후에 적당히 쓸 만큼만 있으면 돼. 내가 지난번에 말했던 것처럼 노후에 사학연금 말고 한 달에 100~200만 원만 더 쓸 수 있게 마련하고 나면 세상 어느 부자도 부럽지 않아. 대신 여생을 같이 할 친구도 여러 명 만들어 두고, 이런저런 좋은 일들도 많이 하라고. 취미생활도 한 가지쯤 만들어 두고…….”

그 순간, 불현듯 지나간 시간들이 떠올랐다.

때는 1982년 어느 봄날…….

털털거리는 용달차를 타고 서울로 올라가는 열세 살 소년이 불안한 눈빛으로 어머니께 물었다.

“엄마, 우리 지금 서울 어디로 가는 거예요?”

“응, 영동이라고 우리나라에서 제일 좋은 학교가 있는 곳이야. 열심히 공부해서 꼭 좋은 대학 가야 해. 알았지, 성진아?”

영동은 80년대와 90년대 초반까지 불리던 강남의 옛 이름이었다.

서울생활을 시작한 것은 전적으로 교육열이 유난히 높았던 어머니 덕분이었다. 똑똑하고 공부를 잘했지만 '여자가 무슨 대학이냐'고 반대하시던 외할머니 때문에 대학을 가지 못한 어머니는 결혼 후에도 그 아쉬움을 잊지 못하셨던 것이다.

4시간 후, 털털거리는 용달차는 삼성동 종합전시장 서문 앞, 지금의 도심공항터미널 건너편에 도착했다. 그때부터 본격적인 서울생활이 시작되었다. 모든 것이 낯설었지만 사람 사귀기를 좋아하고 운동을 좋아했기에, 금방 많은 친구를 만들며 꿈 많던 소년시절을 새로운 땅에서 시작했다.

성실한 아버지와 장사수완이 있던 어머니의 노력 덕분에 시골 땅을 처분한 돈으로 시작한 가게는 곧 자리를 잡았다. 서울로 이사온 지 4년 만에 우리 집을 마련할 수 있었다.

1986년 10월 어느 밤, 잠결에 거실에서 부모님의 심각한 대화가 들려왔다. 평소와는 달리 주눅이 든 말투의 아버지와 몹시 화가 난 어머니…….

"여보, 어떻게 그럴 수가 있어요? 남의 빚보증을 서려면 나하고 미리 상의했어야 하는 거 아니에요? 지금까지 피땀 흘려 모은 재산을 다 날리면 어쩌려고 그래요. 정말……."

아버지가 엄마 몰래 친구 분 빚보증을 선 것 같았다.

'아무리 아버지가 빚보증을 잘못 섰더라도 설마 우리 집 재산

이 몽땅 날아가기야 하겠어? 엄마랑 아빠가 장사도 잘하고 계신데…….'

그러나 유난히도 춥고 눈이 많이 내렸던 1987년 겨울.

사업에 실패한 아버지 친구 분은 야반도주하고, 갚아야 할 은행빚을 아버지가 고스란히 떠안았다. 부모님이 그동안 고생해서 모은 재산은 대부분 날아가고, 추운 겨울 우리 가족은 그동안 살던 정든 집을 떠나 허름한 전셋집으로 이사해야만 했다.

그날부터 나는 서서히 돈에 한이 맺히기 시작했다. 잘 사는 부모님 덕에 풍요로운 생활을 하는 친구들을 바라보며 '나도 언젠가는 저렇게 부자가 되리라.' 마음먹었다.

결국 고등학교 국사 선생님이 되려던 꿈을 접고 경영학과로 진로를 바꾸었고, 졸업하면서 공인회계사 시험에 합격해 회계법인에 입사했다. 곧 결혼을 했고 강남 주변에 자그마한 아파트도 마련했다.

그때부터 본격적인 투자를 시작했다. 엄청난 업무량의 회계법인 생활이었지만 퇴근해서는 늘 새벽까지 주식시장을 체크했다. 주말이면 어김없이 집 주변과 재개발 지역 부동산 업소를 다니며 부동산 시장의 흐름을 점검했다.

돌이켜보면 다시는 맛보기 어려운 짜릿한 시장이었다. IMF 경제위기로 1998년 여름에 310포인트까지 폭락했던 주식시장은 1999년 겨울, 1년 반 만에 1,000포인트를 돌파했다. 부동산시장 또한 자고 일어나면 폭등했다. 눈앞에 돈이 보이면서 수중에 돈이 조금만 생기면 은행 빚까지 끌어들여 또 다른 투자거리를 찾아 다녔다.

투자를 통해 돈맛을 보기 시작하면서 가치관 또한 엄청난 변화를 보였다. 모든 판단기준이 돈이 되었다. 시간만 나면 돈 버는 데만 몰두했고 하다못해 책도 돈에 관한 것만 읽었다. 점점 욕심은 커지고 목표 재산액은 높아졌다.

이런 나의 모습을 아내는 별로 좋아하지 않았다. 돈도 중요하지만 최소한 주말은 가족과 함께 시간을 보내자는 게 아내의 생각이었다. 그때는 그렇게 투자제일주의로 사는 게 잘하는 것인 줄로만 알았다. 그런데 세상에 공짜는 없다는 말은 사실이었다.

치열한 투자를 시작한 지 6년째 되던 봄…….

건강검진을 받던 중 의사가 한 말이 지금도 생생하게 기억난다.

"아니, 젊은 분이 스트레스 지수가 왜 이렇게 높아요? 이 정도면 쓰러졌어야 하는데 이렇게 멀쩡한 게 참 다행이네요. 마음을 좀 편안하게 먹으세요."

건강검진을 받고 1년쯤 지났을까? 어느 날부터 서서히 발목과 허리가 아프고 밤이면 다리가 저려 잠을 잘 수가 없었다. 스트레스가 심한 날이면 가슴이 따끔거리고 뒷목이 뻣뻣해졌고, 퇴근 때면 몇 층에 차를 주차했는지 기억나지 않는 일이 자꾸 생겼다.

내과, 이비인후과, 정형외과 등을 전전하면서 받은 판정은 스트레스와 과로에 의한 저혈압, 관절염, 근육통, 디스크 초기, 그리고 만성위염과 동맥경화 초기였다. 간단히 말하면 온몸에 혈액이 원활히 공급되지 못하고 근육이 제대로 기능을 못하면서 몸의 염증수치가 높아져, 다리가 저리고 발목, 허리에 통증이 왔고, 신경성 위염까지 온 것이다. 병원에서 이러한 처방을 받고 나니 지나간 시간들을 돌이켜보게 되었다.

주식시장의 등락에 따라 일희일비했던 수많은 순간들, 재개발 주택 투자를 위해 3개월 동안 관련법을 공부하고 투자 지역을 골목골목 돌아다녔던 일, 양도소득세를 한 푼이라도 아끼려고 가능한 모든 편법을 고민했던 시간들, 투자했던 재개발 주택 세입자와 싸웠던 일 등. 돌이켜보니 돈을 벌려고 발버둥치던 순간마다, 황금만능주의로 살던 순간마다 몸과 마음은 서서히 피폐해졌던 것이다.

'이것이 세상의 이치인가?'

투자를 위해 찾았던 부동산 업소에서 만난 할아버지의 말씀이 문득 떠올랐다.

"이보게, 젊은 양반. 너무 돈, 돈 하지 말라고. 투자는 꼭 여윳돈으로 천천히 하고 말이야. 그리고 투자도 좋지만 항상 가족을 먼저 챙겨. 돈은 벌지 모르지만 잘못하면 나중에 돈으로 살 수 없는 중요한 것을 잃고 후회할 수도 있다네……."

'그때는 왜 할아버지가 해주신 말씀의 뜻을 몰랐을까?'

인생에서 돈은 정말 중요한 것임에 틀림없다. 하지만 돈은 큰 걱정 없이 노후를 보낼 정도면 충분하다. 젊어서부터 보장자산, 은퇴자산, 투자자산, 이렇게 3개의 보물을 차분하게 마련하면 된다. 그 이상의 돈을 벌고자 발버둥치다가는 몸과 마음이 피폐해질 수 있다.

지난날의 시간들을 회상하며 산에 오르다 보니, 어느덧 저 멀리 사모바위가 눈에 들어왔다.

즐겁게 일하는 것이 행복의 지름길

사모바위에 도착하자 최 교수님이 배낭에서 락앤락통 한 개를 꺼내셨다. 김밥과 과일이 들어 있었다.

"자~ 이거 먹고 가자고."

김밥과 과일을 먹으면서 박 교수님이 친구 분들 이야기를 꺼내셨다.

"최 교수님, 제가 교수하기를 참 잘한 것 같아요. 옛날에 다니던 직장 그만두고 대학원 진학한다는 말에 친구들이 모두 말렸거든요. 열심히 직장생활해서 임원만 되면 일생이 보장되는데 뭐하러 따분하게 교수되려고 하냐고요. 연봉도 별로 안 높은데 말이죠. 그런데 그 친구들 50대 초중반에 대부분 다니던 직장에서 은퇴하고는 할 일이 없어 얼마나 심심해하는 줄 몰라요."

"내 친구 중에도 50대 후반에 퇴직하면서 먹고사는 데 지장 없을 만큼 큰돈을 번 친구가 있어. 50대 후반이면 정말 팔팔할 나이잖아. 그런데 한 몇 년 할 일 없이 놀더니만 갑자기 팍 늙어버리더라고.”

최 교수님의 말씀에 내가 의아해하며 질문을 드렸다.

“돈만 있으면 꼭 직업이 없어도 할 일이 많을 것 같은데요? 교수님처럼 운동도 하고, 성당 같은 데서 봉사활동도 하고요. 악기도 하나 배우고, 여행도 자주 다니면 하루를 정말 재미있게 보낼 수 있지 않을까요?”

“돈이 있다고 해서 누구나 그렇게 살 수 있는 게 아니야. 일단 건강해야 하고, 같이 즐길 친구들도 있어야 해. 아내랑 금실이 좋아서 사이좋게 같이 다닐 수도 있어야 하고.”

박 교수님의 설명에 최 교수님이 고개를 끄덕이며 동조하셨다.

“박 교수 말이 맞아. 건강하게 일할 수 있는 동안은 자기 일이 있는 게 정말 중요해. 우리 교수들이야 별 문제만 없다면 정년이 만 65세까지니까 사실 일할 만큼 일하는 거잖아. 정말 복 받은 직업이지. 그래서 아들 녀석한테 자기계발 열심히 해서 늙어서까지 일할 수 있도록 미리미리 준비하라고 하는데 말을 잘 안 들어.”

이번에는 두 교수님과 달리 교수로 임용되기 전, 10년 넘게 사회생활을 해본 내가 이야기를 꺼냈다.

“그런데요. 솔직히 직장인들은 자기계발 열심히 해도 65세까지 일하기가 너무 힘들어요. 요즘 대기업 신임 이사 나이가 40대 중후반이에요. 50대 중반이면 상무, 전무 직급이라니까요? 오너가 아닌 이상 아무리 잘나가도 50대 후반이면 직장생활 끝이에요. 그중에 잘 나가는 일부 임원들은 규모가 작은 계열사로 옮겨서 2~3년 더 일할 수 있지만, 그래봤자 60세를 넘겨 일하기는 어렵다니까요.”

내 말에 박 교수님이 맞장구를 치셨다.

“내가 올해 56세잖아. 친구 중에 지금 현직에 남아 있는 친구가 거의 없어. 여기 임 전무랑 중·고등학교 교장, 교감하는 친구들밖에 없다니까. 아~참, 변호사 사무실 개업한 친구도 한 명 있구나!”

참 답답한 일이다. 50대 중반이면 정말 팔팔한 나이인데 할 일이 없어 무료한 시간을 보내고 있다니…….

얼마 전 TV에서 봤던 평생직업에 대한 방송이 떠올랐다. ‘평생직장과 평생직업의 차이를 아시나요?’라는 문구로 시작한 방송의 내용은 이러했다.

‘평균 수명의 증가, 기업의 라이프 사이클 단축, 다양한 트렌드, 상시 구조조정 등으로 인해 이제 평생 한 직장에서 직업생활을 할 수 없을 뿐 아니라 잘못하면 생존조차 보장받지 못한다. 따라서 변화하는 트렌드에 적응하고 그에 맞는 개인적 전략을 점검하기 위해 끊임없이 노력해야 한다.’

방송의 내용은 너무나도 당연한 이야기였지만, 끊임없이 변화한다는 건 너무도 힘든 과정이 아닌가? 혼자 방송내용을 되새기고 있는데 임 전무님이 말씀하셨다.

"제가 지금까지 공군에서 장교생활도 해 보고, 회사에서도 오래 근무해 보니까 자기 일을 사랑해야 행복할 수 있고, 성공도 하겠더라고요."

임 전무님의 말씀이 옳았다. 세상에 수많은 직장인이 있지만 그중에는 회사에 꼭 필요한 사람이 있는 반면, 없어도 그만인 사람도 있다. 똑같이 회사에 입사를 했건만 왜 누구는 회사에 꼭 필요한 인재가 되고, 누구는 회사에 있으나 마나 한 사람이 되었을까? 아마도 '자기 일을 얼마나 사랑했느냐'의 차이일 것이다.

나 역시 오랜 시간 근무했던 회계법인에서 정말 치열하게 일했다. 계속되는 출장과 야근……. 보고서가 마감되는 즈음이면 밤샘 일을 하고 다음 날 아침 사우나를 다녀와 다시 일을 하는 때가 많았다. 하지만 일이 정말 재미있었다. 늘 어떻게 하면 좀 더 효율적으로 일할 수 있을까, 고객들에게 좀 더 나은 방안을 제시할까 궁리했고, 힘들다는 생각도 별로 들지 않았다. 아마도 그 시절 열심히 일했던 시간들이 지금의 나를 만들어 주었을 거란 생각을 하고 있는데 임 전무님의 말씀이 이어졌다.

"자기 일에 애착이 없으면 힘든 직장생활을 버텨내기가 힘들고, 자기발전도 없는 것 같아요. 가끔씩 보면 그저 월급 받으러 온다는 느낌을 주는 직원들이 있어요. 그런 직원들은 대부분 과장 승진 전후해서 알아서 그만두더라고요. 사실 열심히 일할 수 있는 직장이 있다는 것, 자기의 열정을 바쳐 무엇인가 이룰 수 있다는 건 정말 대

단한 행복이며 감사할 조건이거든요. 그런데 그런 사실을 잊고 지내
는 직원들이 많은 것 같아서 참 안타까워요."

"이거 임 전무 밑에서 일하는 직원들은 임 전무 기대치에 맞춰 일
하려면 정말 힘들겠는데? 혹시 회사에서 지독한 상관으로 불리는
거 아냐, 임 전무?"

박 교수님의 농담에 다들 한바탕 웃으면서 자리를 정리하고 진관
사를 향해 다시 산행을 시작했다.

삶의 가치를 높여주는 부부금실

어느새 저 아래 응봉능선이 눈에 들어왔다. '진관사 2km'라는 표지판을 보고 좌회전을 하는데 박 교수님이 요즘 뉴스에 자주 등장했던 타이거우즈 이야기를 꺼내셨다.

"세상에. 타이거우즈도 아내는 무서웠던 모양이에요?"

"그러게 말이야. 얼마나 급하게 도망갔으면 집 앞 도로를 벗어나 소화전과 가로수를 들이받았겠어?"

얼마 전에 여러 명의 여자들과 바람을 피워 세상을 떠들썩하게 했던 골프 황제 타이거우즈 이야기였다. 신문기사에 의하면 바람을 피우고 돌아오는 타이거우즈에게 화가 난 아내가 골프채를 휘둘러 타이거우즈가 타고 있던 SUV 차량의 뒷유리창을 부숴버렸다고 한다. 그러자 놀란 타이거우즈가 급하게 차를 몰아 도망치다가 도로를 벗어나 소화전과 가로수를 들이받았다는 것이다. 이로 인해 타이거 우즈는 하루아침에 골프황제에서 불륜황제로 추락했다.

이야기를 듣고 있던 최 교수님이 한 말씀하셨다.

"세상에 제아무리 잘난 남자라도 아내와 사이가 좋지 않으면 그 마음이 얼마나 불행한 줄 알아? 타이거우즈 재산이 우리나라 돈으로 1조 3,000억쯤 된다고 하던데, 그렇게 재산이 많으면 뭐하냐고."

"정말 맞는 말씀이세요. 친한 친구가 아내랑 사이가 좋지 않아서 1년 정도 별거를 한 적이 있었는데, 그때 옆에서 보니까 정말 힘들어 하더라고요. 부부 사이가 좋지 않으니까 희한하게 아이들도 엇나가 더라니까요."

"지난번에 신문을 보니까 우리나라 이혼률이 생각보다 꽤 높았어. 최근 10년간 3배나 증가했더라고. 특이한 건 전체 이혼부부 중 20년 이상 같이 산 부부가 차지한 비중이 23%나 되고."

결혼 12년차인 나도 결혼생활을 되돌아보게 되었다. 아는 분 소개로 만난 아내는 긴 머리 웨이브 파마에 청바지를 입고 약속장소에 앉아 있었다. 정말 청순하고 착해 보였다. 연애하는 동안 한 번도 싸웠던 기억이 없을 만큼 서로 참 잘 맞는다고 생각했다. 1년 정도 연애한 후, 결혼을 했다. 행복만이 우리를 기다리고 있을 줄 알았다.

하지만 결혼 후 몇 년간 사소한 일로 다투면서 서로에게 상처주는 일이 많았다. 나는 모든 다툼의 원인이 별것 아닌 일에 짜증을 내는 아내 때문이라고 생각했다.

꽤 오랜 시간이 지나서야 사소한 부부간의 다툼은 누구의 잘못이 아니라, 서로간의 다름을 인정하지 않음에서 생긴다는 것을 알게 되었다.

남자와 여자, 참 다른 부분이 많았다. 그런 차이를 극복하고 어떻게 하면 좀 더 행복한 부부생활을 할 수 있을까 고민할 때, 아는 분이 '부부금실 십계명'이라는 것을 알려 주셨다. 금실 좋은 부부가 되기 위해 서로 지켜야 할 10가지 계명이었다.

얼핏 보기에는 모두 그럴싸한 문구들이었지만, 실천하기란 여간 어려운 것이 아니었다. 아내가 눈에 거슬리는 일을 할 때면 칭찬하는 말이 나오기는커녕 아내를 비난하기 일쑤였다. 어린 아이들을 키우다 보니 한 달에 한 번 같이 영화보러 가는 것도 그리 만만한 일이 아니었다.

그런데 부부금실 십계명을 지키려고 노력하면서 한 가지 깨달은 점이 있다. 아내는 내가 생각했던 것처럼 그렇게 큰 것을 바라지 않았다. 격려의 말 한마디, 아주 사소한 것에도 감동하는 아내를 보면서 그동안 너무 큰 것으로만 아내를 위하려고 했던 것은 아닌가 반성하게 되었다.

부부금실 십계명을 떠올리며 이번 결혼기념일에는 아내에게 사랑의 편지를 꼭 쓰자는 다짐을 했다. 문득, 초등학교 3학년인 딸아이가 수업시간에 지었다며 들려준 '우리 엄마아빠는 짝꿍'이라는 동시가 생각났다.

◦ 부부금실 십계명 ◦

1. 자주 칭찬을 하자

   부부사랑은 배우자의 칭찬을 먹고 자란다. '당신 생각이 옳아요.', '자기 옷차림이 잘 어울려요.' 등 입버릇처럼 칭찬을 자주 하자.

2. 날마다 한 끼 이상 함께 식사하자

   부부가 대화를 나누면서 맛있는 음식을 먹으면 소화제가 필요 없다. 매일 한 끼 이상 함께 식사하자.

3. 매달 한 번 이상 같이 외출하자

   부부동반 외출은 활력을 북돋운다. 한 달에 한 번쯤은 즐겨가던 곳이나 맛있는 음식점을 찾아가자.

4. 계절마다 한 번 이상 여행을 떠나자

   변화는 새 삶이고 발전이다. 계절마다 변화 있는 색깔에 마음을 물들이는 여행을 떠나자.

5. 일 년에 두 번 이상 사랑의 편지를 쓰자

   말보다 글로 표현하는 사랑은 감동이 배가 되고, 그 감동은 오랫동안 지속된다. 서로의 생일과 결혼기념일 등 특별한 날에는 사랑의 편지를 써 보자.

6. 기념일을 기억하자

   배우자의 생일에는 배우자의 부모님을 초대하여 감사한 마음을 전하고, 결혼기념일에는 단둘이 오붓한 추억을 만들자.

7. 상대를 애인처럼 여기자

   배우자는 평생 애인이고, 애정은 나눌수록 커진다. 신바람 나고 생기 넘치는 사랑을 만들자.

8. 휴식에 인색하지 말자

   대가를 받는 일은 피곤한 노동이고, 자의로 하는 일은 즐거운 휴식이다. 둘이 마음을 모아서 여가를 즐기자.

9. 행복을 창조하자

   부부의 행복은 우연히 오는 것이 아니다. 서로 손을 잡고 동심으로 돌아가서 행복 만들기 소꿉장난을 시작하자.

10. 고생도 즐기자

    계획은 환상적인 꿈이지만, 실행에는 고생이 따른다. 고생도 즐길 줄 아는 금메달 부부가 되자.

우리 엄마아빠는 짝꿍

엄마랑 아빠는 항상 손을 잡고 다녀요

어딜 가도 늘 함께 가지요

엄마랑 아빠는 세상에서 가장 친한 친구

하나밖에 없는 짝꿍이지요

엄마가 화내도 아빠는 웃고

엄마가 웃으면 아빠는 더 웃어요

정감 넘치는 동시를 떠올리며 걷다 보니, 어느덧 저 멀리 진관사가 보였다.

신랑 ○○○
신부 ○○○

모든 것은 마음먹기에 달렸다

북한산이 우리를 포근하게 품어주는 느낌을 받으며, 마지막으로 진관사를 거쳐 주차장에 도착하자 오후 1시였다.

최 교수님이 점심식사 제안을 하셨다.

"저기 보이는 집이 이 인근에서 제일 유명한 화로구이집이야. 내가 살 테니까 우리 점심 먹으러 가지."

식당에 도착해 보니 꽤 많은 사람들이 자리를 잡고 점심식사를 하고 있었다. 우리처럼 산행을 마친 사람들인 것 같았다. 자리를 잡고 화로구이 4인분과 생막걸리 한 병을 주문했다. 그때 임 전무님이 놀라운 이야기를 꺼내셨다.

"사실 10년 전 제가 비행기 사고로 죽을 뻔한 적이 있었어요."

박 교수님이 화들짝 놀라서 물으셨다.

"아니, 임 전무! 무슨 말이야? 비행기 사고로 죽을 뻔했다니?"

"응. 공군 소령 시절 이야기야. 전투비행단 교관을 맡고 있었는데 그날도 여느 때랑 다름없이 비행훈련을 하려고 중위 한 명을 태우고 훈련용 경비행기에 올랐어. 하늘로 올라간 뒤 한 1시간쯤 지났을까……. 갑자기 비행기 엔진이 꺼지는 거야. 정말 황당하더라고."

모두 조용히 이야기를 듣고 있었다.

"비행기가 땅으로 추락하는 순간, 그동안 내 인생의 중요했던 순간들이 파노라마처럼 눈앞을 막 지나가는 거야. '아~ 이제 죽는구나!'라고 생각하는 순간 비행기 날개가 전봇대에 부딪히면서 포도밭으로 추락했고, 곧바로 화염에 휩싸였어. 얼마 있다가 비행기는 폭발했지. 다행히 인근 포도밭에서 일하는 분들이 정신을 잃은 우리를 구해 주셔서 목숨을 건질 수 있었어. 그 사고로 양 다리와 갈비뼈가 열 군데나 부러지는 큰 부상을 입고 1년 가까이 병원신세를 졌지. 그때 한 가지 깨달은 게 있어."

임 전무님은 편안한 표정을 지으며 말씀하셨다.

"죽는 것보다는 살아 있는 게 행복하다는 거야. 비행기가 추락하는 그 짧은 순간, 죽기 싫다는 생각이 얼마나 강렬했는지 몰라."

임 전무님의 설명을 듣고만 계시던 최 교수님이 한 말씀하셨다.

"맞아. 살아 있다는 것 자체가 감사할 일인데 그걸 모르고 사는 사람들이 너무 많은 것 같아. 박 교수랑 정 교수는 알고 있겠지만 내가 함경남도 함흥 출신이잖아. 6·25 전쟁 때 피난 내려오면서 죽을 고비를 몇 번이나 넘겼는지 몰라. 사실 전에 비하면 우리나라도 이제 먹고살 만하잖아. 몸만 건강하고 일할 의지만 있으면 뭘 하든 못 먹고살겠어?”

“그럼요. 주위 사람들과 비교해서 내가 못 산다고 느끼는 거지, 절대적으로 보면 이제 우리도 못 사는 수준은 아니잖아요. 비행기 사고를 당하면서 느낀 건데 사고 이후 생각이 참 많이 바뀌었어요. 무엇보다 미워하던 사람을 용서하게 되었어요. 박 교수도 알잖아? 우리 아버지가 나 중학교 때 딴살림 차려 나가는 바람에 내가 참 어렵게 학교 다녔잖아. 공군사관학교 간 것도 사실 대학 등록금 아끼려고 간 거고.”

“응, 알지. 항상 자네 마음속 짐이었잖아.”

“20년 동안 미워했던 아버지를 용서하니 마음이 얼마나 홀가분했던지 몰라요. 마음속 응어리가 풀리니까 건강도 좋아지더라니까요!”

주문한 화로구이와 막걸리가 나왔다. 잘 익은 화로구이 한 점을 입에 넣으니 맛있게 양념된 고기향이 입 안 가득 퍼졌다.

“화로구이 정말 맛있는데? 세상에는 참 행복할 조건들이 많아. 이렇게 임 전무랑 박 교수, 정 교수랑 즐겁게 등산도 다녀오고, 맛있는 음식도 먹을 수 있다는 게 얼마나 감사한 일이야! 임 전무 말을 들으면서 느낀 게 참 많아. 나도 30년 넘게 미워하고 있는 사람이 있는데 오늘부터 용서하는 연습을 해야겠는걸?”

최 교수님의 농담 섞인 말씀에 다들 한바탕 웃으며 맛있는 냉면으로 식사를 마치고 밖으로 나왔다. 가을 햇볕이 유난히도 따사로웠다.

다음에는 골프 라운딩을 같이 하자는 인사를 나누고 헤어졌다. 약속장소인 광화문으로 가기 위해 승용차에 시동을 거는데 좀 전에 임전무님이 하신 말씀이 떠올랐다.

"행복은 내 마음에 달렸다!"

문득, 오랜 직장생활 끝에 교수로 임용되어 첫 출근하던 날이 떠올랐다. 동부간선도로를 지나 내부순환도로에 들어선 지 얼마 안 되어, 국민대학교 뒤편을 병풍처럼 둘러싼 북한산 자락과 오른쪽 멀리 인수봉이 한눈에 들어왔다. 순간 '이렇게 아름다운 경치가 서울에도 있었나?' 하는 감탄과 함께 햇볕의 따스함을 온몸으로 느꼈다.

남들이 부러워하는 좋은 대학을 졸업하고 공인회계사로서 능력 있는 직장생활을 했음에도 불구하고, 먼 산의 경치 한번 제대로 느낄 만한 마음의 여유가 없었다. 매일매일 처리해야 할 엄청난 양의 업무, 연차가 될수록 부담이 되던 승진문제, 돈만 좇아 살던 시간들이 내 마음 속의 행복을 앗아갔던 것이다.

어느덧 광화문 광장에 이르렀고, 수많은 사람이 분주히 어디론가 걷는 모습이 눈에 들어왔다.

'저 모든 사람들이 3개의 보물을 마련해서 경제적으로 풍요로울 뿐 아니라, 정신적으로도 여유로워져서 진정 행복해질 수 있다면 얼마나 좋을까?' 하는 생각을 하며 약속장소로 향했다.

세대별 상담사례

1 20대 중반 미혼 여성 상담사례

Question

●● 이윤진, 25세, 여 ●●

안녕하세요? 25세 직장여성입니다.

전문대학을 졸업하고 22세에 바로 취직해서 지금까지 3년간 적금으로 1,200만 원 정도 모았습니다. 먼저 이 돈을 어떻게 활용해야 할지 잘 모르겠고요. 제가 지금 이것저것 다 공제하고 한 달에 130만 원을 버는데 씀씀이가 큰 것 같아서 이제부터라도 제대로 재무설계를 하고 싶습니다.

다음 달부터 40만 원만 용돈으로 쓰고 90만 원을 모으고 싶은데 어떻게 투자하는 것이 좋을지 꼭 알려주세요. 얼마 전에 브릭스랑 디스커버리5호펀드를 추천받았는데 어떨까요? 그리고 보험은 암보험 하나밖에 든 게 없는데 다른 보험을 더 들어야 하나요?

취업한 지 3년 동안 1,200만 원을 모았다면 월평균 30만 원(1,200만 원/36개월) 정도 저축을 한 셈이니 소비성향이 너무 높습니다.

현재 주거형태를 정확히 모르겠지만 가능하면 부모님과 함께 살면서 최대한 절약하는 습관을 먼저 갖는 것이 좋습니다. 계획하신 것처럼 40만 원 정도의 용돈 이외에는 아래 사항을 참고해 모두 모으시기 바랍니다.

1 · 보험가입

미혼이시니 질병과 사고를 대비한 보험을 우선적으로 가입하세요. 암, 심장질환, 뇌질환 등 수술비나 치료비로 많은 돈이 드는 경우를 대비한 암보험이나 의료실비보험이 꼭 필요합니다.

월 소득이 130만 원 정도면 보장성보험으로 지출하는 적정 보험료는 월 5~7만 원 정도입니다.

암보험에 가입했다고는 하지만 1개 보험으로 사고나 질병에 충분한 보장이 되지 않는 경우가 많으니, 보장내역을 잘 따져보고 추가적인 보험이 필요한지 판단해 보시기 바랍니다. 종신보험이나 생명보험은 지금 가입하는 것도 좋지만 좀 더 있다가 결혼을 고려하면서 가입해도 늦지 않을 것으로 보입니다.

2 · 돈을 모으는 방법

현재까지는 은행적금으로만 돈을 모았지만 윤진 님처럼 아직 젊은 나이에는 은행예금과 적립식펀드로 나누어 돈을 모으는 것이 좋습니다. 안정과 위험을 동시에 추구하는 거죠.

은행이자만으로는 도저히 돈을 모으기 어려울 뿐 아니라 5년 이상 장기로 적립식펀드에 가입하면 은행이자의 두 배 이상 수익이 날 확률이 매우 높기 때문에 저는 펀드투자를 추천합니다. 적립식펀드와 은행저축의 비율은 사람마다 차이가 있겠지만 대략 50 : 50을 기준으로 스스로 결정하시기 바랍니다.

1 ▶ 청약저축 가입

먼저 청약저축에 가입하세요. 나중에 결혼할 때 신랑될 분이 청약저축에 가입했다면 필요 없을 수도 있겠지만, 그렇다면 그때 가서 해약하면 됩니다. 청약저축에도 정기예금 정도의 이자는 붙기 때문에 예금을 한다는 마음으로 가입하시기 바랍니다.

보통 2년 안에 300만 원 이상 적립해야 하기 때문에 최소한 월 15만 원 정도 불입하는 것이 좋습니다. 청약저축 불입액의 40%(연 300만 원 한도)는 연말정산 시 소득공제받을 수 있습니다.

2 ▶ 일반저축 가입

매월 여유자금 중 일부는 꼭 안정적인 은행예금으로 가입해야 합니다. 특히 일정액의 비상자금은 꼭 은행예금으로 보유하고 있는 것이 좋습니다. 여유자금의 50%를 은행에 적립하기로 마음먹었다면 매월 90만 원 중 50%인 45만 원이 은행에 저축할 금액입니다.

청약저축으로 월 15만 원을 불입해야 하니 나머지 30만 원을 은행적금으로 불입하면 됩니다. 단, 꼭 은행만 고집할 필요는 없습니다. 상위 5위 안에 드는 안정적인 저축은행의 고금리 적금에 가입해도 원리금 5,000만 원까지 예금자보호가 되기 때문이죠.

또한, 각 은행마다 판매하고 있는 장기주택마련저축에 가입하면 이자에 대한 세금이 없을뿐 아니라, 연말정산 시 소득공제도 받을 수 있습니다.

저축은행의 고금리 적금에 15만 원, 은행의 장기주택마련저축에 15만 원으로 나누어 불입하는 것도 좋은 방법입니다.

3 ▶ 투자상품 가입

현재 은행이나 증권회사에서 판매하고 있는 펀드는 크게 주식형, 채권형, 혼합형으로 구분됩니다. 투자지역 또한 국내, 해외로 구분되며 해외도 선진국과 브릭스(브라질, 러시아, 인도, 차이나) 국가로 구분됩니다. 펀드와 같은 위험상품에 가입할 때는 몇 개 펀드에 분산해서 안정적으로 가입하고, 최소 5년 이상 장기로 불입하기를 권합니다.

시중에서 판매되고 있는 유명 펀드 중 2~3개 펀드에 가입하고, 남은 여유금액 45만 원을 꾸준히 불입하세요. 추천받은 브릭스펀드나 디스커버리5호는 꽤 공격적인 펀드지만 장기로 투자한다면 수익률이 좋을 가능성이 높습니다. 하지만 월 투자액 45만 원을 이렇게 모두 공격적인 펀드에만 가입하는 것은 좀 불안할 수도 있으니 다음 3가지 종류의 펀드를 추천해 드립니다.

혼합형펀드(주식비중 중간): 15만 원

국내주식형펀드(대형우량주): 15만 원

브릭스펀드: 15만 원

펀드를 고를 때는 인지도가 있는 회사가 운영하는 1,000억 원 안팎의 규모 있는 펀드 중에서 2~3년 이상 꾸준하게 수익을 내는 것으로 고르세요. 질문하셨던 미래에셋의 디스커버리는 2001년 7월, 펀드가 처음 출시된 이후, 워낙 인기가 많아 지금은 5호까지 출시된 펀드입니다. 주로 국내 대형우량주에 투자되는 공격적인 펀드죠.

한 가지 부연하자면 혼합형펀드(주식비중 중간)는 장기주택마련펀드로 가입하는 것도 좋은 방법입니다. 장기주택마련펀드도 장기주택마련저축과 마찬가지로 나중에 투자이익에 대해 비과세와 소득공제를 받을 수 있기 때문입니다.

현재 보유 중인 1,200만 원도 은행예금 : 펀드에 50 : 50으로 투자하시는 게 어떨까요? 저축은행의 고금리 정기예금에 600만 원을 저축하고, 나머지 600만 원은 혼합형, 국내주식형, 브릭스펀드에 각각 200만 원씩 투자하는 거죠. 주식비중을 줄이고 싶으면 정기예금에 좀 더 많이 불입하면 됩니다.

보유 중인 1,200만 원은 예비자금으로 봐서 안정적인 예금으로 운용하고, 지금부터 모으는 돈만 펀드와 예금에 적립식으로 투자할 수도 있습니다.

3 · 기타 고려사항

① 합리적으로 소비하자

윤진 님과 같은 사회초년생들은 첫 소비습관을 잘 들이는 것이 무척 중요합니다. 젊을수록 사고 싶은 것도 많고 다니고 싶은 곳도 많겠지만, 지나고 보면 쓸데없는 지출이었다고 후회할 때가 많습니다. 그래서 젊어서부터 매달 용돈을 어느 부분에 얼마를 쓸지 스스로의 소비성향을 체크하고 절제하는 습관을 갖는 것이 중요합니다.

② 결혼자금을 마련하자

2009년 6월, 한국소비자보호원의 조사에 따르면 결혼하는 데 평균적으로 9,000만 원이 들었고, 그중에서 전세금이 6,200만 원으로 가장 큰 비중을 차지했다고 합니다. 결혼비용을 신랑, 신부가 반씩 부담한다고 가정할 때 대략 4,000~5,000만 원 정도가 필요합니다.

윤진 님은 아직 결혼하려면 꽤 많은 시간이 남았으니 계획한 대로 은행저축과 적립식펀드투자를 통해 필요자금을 꾸준히 모으시기 바랍니다.

③ 장기적으로 노후준비를 염두에 두자

윤진 님은 아직 나이도 어리고 앞으로 결혼도 해야 하기 때문에 지금부터 노후준비를 하기에는 이른 느낌이 있습니다. 하지만 하루라도 빨리 노후를 준비하면 그만큼 부담은 줄어듭니다.

부모님이 경제적으로 여유로워서 결혼자금을 대주실 수 있다면 은행저축과 펀드가입액 중 일부를 떼어서 지금부터 연금에 가입하시기 바랍니다. 일정 요건을 갖춘 연금에 가입하면 연말정산 시 300만 원까지 소득공제가 됩니다.

연금에는 은행의 연금신탁, 증권회사의 연금펀드, 보험회사의 연금보험이 있습니다. 연금신탁은 주로 예금, 채권에 투자되어 안정적이기는 하지만 수익률이 예금과 별 차이가 없는 것이 단점입니다. 연금펀드는 펀드의 형태로 운용되어 높은 수익을 내기도 하지만, 수익률의 변동이 커서 불안한 면이 있습니다. 마지막으로 보험회사의 연금상품은 일반연금보험과 변액연금보험이 있습니다.

일반연금보험은 보험사가 약속한 공시이율을 적용해 적립한 금액을 고객과 약정한 시점부터 연금의 형태로 지급하는 상품입니다. 공시이율은 금리변동에 따라 바뀌는데 현재는 대략 5% 정도입니다. 다만, 금리가 아무리 떨어져도 가입 후 10년 이내에는 2.5%, 10년 이후 2%를 보장하는 구조로 되어 있습니다.

변액연금보험은 보다 높은 수익을 추구하기 위해 주식이나 채권에 투자하는 연금입니다. 10개 안팎의 다양한 펀드 중에서 고객과 보험사가 상의해서 투자할 펀드를 고릅니다. 하지만 가급적 안정적으로 투자하는 포트폴리오를 구성하세요.

노후를 대비한 연금은 일반투자보다 더 안정적으로 장기간 가입해야 합니다. 최소 15년 정도 불입하고 10년 이상 거치한 뒤, 60세 전후에 연금으로 수령해야만 노후에 적당한 생활비를 받을 수 있기 때문입니다.

④ 자기계발에 주력하자

20대에는 자기계발이 정말 중요합니다. 젊어서부터 꾸준히 자기능력을 계발하는 습관이 들어야 더 높은 연봉을 받는 직급으로 승진할 수도 있고, 더 오래 일할 수 있습니다. 물론, 인생의 행복찾기도 더 쉬워지겠죠?

많은 사람이 얼마 되지도 않는 돈을 주식이나 부동산에 투자해서 많은 돈을 벌려고 갖은 노력을 하면서도 정작 자기계발에는 소홀한 경우가 많습니다.

윤진 님은 전문대학을 졸업했다고 하니 대학편입을 알아보거나 활용할 수 있는 자격증 공부를 하는 것도 좋겠네요.

구분	내용	월금액(원)	비율
보험	암보험	35,000	4%
	건강보험	35,000	4%
	소계	70,000	8%
저축	청약저축	150,000	16%
	정기적금	100,000	11%
	장기주택마련저축	150,000	16%
	소계	400,000	43%
펀드	국내주식형펀드	150,000	16%
	국내혼합형펀드	150,000	16%
	브릭스펀드	150,000	16%
	소계	450,000	49%
계		920,000	100%

2 20대 후반 미혼 남성 상담사례

●● 김지훈, 28세, 남 ●●

취업한 지 1년이 채 안 된 28세 남자입니다. 세후 월 소득은 290만 원이며 소비, 저축 내역은 다음과 같습니다.

구분	내용	가입시기	월금액(원)	비율
보험	무배당 웰빙보험(상해, 질병, 교통사고)	4년 전	60,000	2%
	종신보험	4년 전	50,000	2%
	무배당 암보험	최근	40,000	1%
	소계		150,000	5%
저축(단기)	정기적금	최근	100,000	3%
	MMF	최근	200,000	7%
	소계		300,000	10%
저축(장기)	장기주택마련저축	최근	100,000	3%
	장기주택마련보험	최근	400,000	14%
	소계		500,000	17%

펀드	삼성그룹주	최근	100,000	3%
	국내주식형펀드	최근	200,000	7%
	소계		300,000	10%
개인용돈	용돈, 유류비, 공과금, 휴대폰요금 등		550,000	19%
부모님용돈			500,000	17%
여유자금			600,000	21%
계			2,900,000	100%

부모님과 함께 살고 있어 공과금 약간과 부모님 용돈을 제가 부담하고 있습니다.

2~3년 뒤 결혼할 계획이며 살 집을 부모님께서 전세로 구해주실 것 같습니다.

다음 질문들에 대한 좋은 답변 부탁드립니다.

1. 펀드투자 관련

제 성향이 좀 공격적인 편인데 매월 여유자금 60만 원을 모두 펀드에 투자하려고 합니다. 그래도 괜찮을까요? 몇몇 중소형펀드랑 중남미펀드, 차이나펀드, 천연자원펀드를 눈여겨보고 있습니다.

2. 연금가입 관련

어머니가 나이 들어 고생 안 하려면 연금이 필요하다고 월 20만 원 정도 연금에 가입하라고 하십니다. 제가 벌써 연금에 가입할 필요가 있을까요?

3. 단기자금 관련

얼마 전까지만 해도 단기유동자금을 CMA로 운용했습니다. 그런데 자꾸 그 돈으로 주식에 손대다 보니 돈이 모이지 않아 지금은 단기자금을 MMF에 모으고 있습니다. 단기자금을 모을 만한 좋은 방법 없을까요?

4. 주식투자 관련

현재 500만 원 정도를 주식에 투자하고 있습니다. 그런데 자꾸 주식시세에 눈이 갑니다. 하루에도 몇 번씩 모니터를 들여다 보니 사실 업무에도 지장이 좀 있습니다. 주식투자를 해보니 잘만 하면 꽤 많은 돈을 벌 수 있을 것 같은데 좋은 방법 없을까요?

Answer

월 소득 290만 원 중 개인적인 소비를 위해 50만 원 미만을 쓰고 계시니 젊은 분이 참 대단하시네요.

부모님께 50만 원을 드리고 있지만 결국 나중에 전세금으로 돌아올 테니 저축(?)이라고 생각해도 무방할 듯합니다. 그럼 질문한 사항에 대해 답변드리겠습니다.

1 · 펀드투자 관련

현재 지훈 님의 월 적립액을 예금 : 펀드로 나누어 보면 80 : 30 비율입니다. 예금에 너무 많은 비중이 있기 때문에 월 여유자금을 펀드에 좀 더 투자하는 것도 좋은 생각입니다.

더구나 부모님이 전세를 구해주셔서 결혼자금 부담이 적은 경우에는 그만큼 투자기간이 길어지기 때문에 더 유리합니다. 다만, 위험자산의 비중을 너무 높게 하는 것은 바람직하지 않습니다. 어떤 분들은 '100-나이'만큼 주식에 투자하라고 하지만 이럴 경우 지훈 님은 '100-28', 즉 72%를 주식에 투자하게 됩니다. 너무 높은 비중이죠. 보통 50%를 전후로 생각하는 것이 좋습니다.

보험료와 용돈을 제외하면 170만 원이 남습니다. 이 돈을 50 : 50 비율로 예금과 펀드에 투자하는 것이 좋습니다.

지훈 님이 가입한 펀드는 모두 국내주식형펀드이며 고려 중인 펀드도 모두 공격적인 펀드뿐입니다. 아직 젊긴 하지만 너무 공격적인 펀드 운용은 바람직하지 않습니다. 지역적으로 편중된 것도 좋지 않고요.

국내주식형, 국내혼합형, 브릭스형에 1/3씩 가입하든지, 아니면 국내주식형, 국내혼합형, 브릭스형에 1/3씩 가입하고 약간의 금액은 차이나형에 가입하는 것이 보편적인 방법입니다.

지훈 님의 경우는 3가지 유형 펀드에 1/3씩 가입하는 것을 추천해드립니다. 중남미펀드나 천연자원펀드는 좀 더 고민하신 후 가입하시기 바랍니다. 중남미펀드는 국가위험도가 다소 높은 편이며 천연자원펀드도 경기변동에 따라 등락이 심할 수 있습니다.

한 가지 추가분석이 필요한 것이 장기주택마련보험입니다. 통상 수익률이 동일하다면 보험은 10년 정도 가입해야 다른 금융상품과 비슷한 수익률이 나옵니다. 그러므로 투자기간을 10년 미만으로 잡고 있다면 이를 보험으로 드는 것은 바람직하지 않습니다. 더군다나 월 불입액이 40만 원으로 너무 많습니다. 불입액을 줄이거나 해약을 고려하시기 바랍니다. 여기서 생긴 여유자금은 장기주택마련펀드에 넣으시면 좋을 것 같습니다.

2 · 연금가입 관련

어머님께서 노후준비의 중요성을 강조하셨다니 인생의 경륜이 묻어난 조언이십니다. 하루라도 빨리 연금에 가입하시기 바랍니다. 지훈 님이 현재 28세이니 앞으로 20년 정도 연금을 불입하고 10년 정도 거치한 뒤, 58세부터 연금을 수령하도록 가입설계를 받아보세요. 적은 월 불입액으로도 나중에 꽤 큰 연금을 수령할 수 있습니다.

연금에는 은행, 증권, 보험사의 상품이 있지만 지훈 님처럼 이미 저축과 펀드가 있고 장기간 노후를 준비할 수 있는 경우에는 보험사의 변액연금보험이 좋습니다. 불입할 때 연간 300만 원(월 25만 원)까지 소득공제가 되는 상품과 소득공제가 되지 않는 상품이 있습니다. 일단 월 25만 원 정도 소득공제가 되는 상품에 불입하는 것으로 설계를 받아보시기 바랍니다.

3 · 단기자금 및 주식투자 관련

500만 원의 주식투자 때문에 하루에도 몇 번이나 모니터를 쳐다보다가 단기자금 계좌를 CMA에서 MMF로 바꾸었다니 얼마 전 주식투자로 퇴직금 1억 5,000만 원을 날린 친척 분이 생각납니다.

개인적인 견해로는 주식투자와 대부분 보통 사람은 잘 맞지 않습니다. 단돈 몇백만 원만 투자해도 지훈 님처럼 하루에도 몇 번씩 주가를 확인하게 되고, 통장에 몇십만 원만 생겨도 주식계좌로 송금하고 곧바로 주식을 사버리곤 하니까요.

이는 사람들이 모두 돈에 대해서는 탐욕스럽기 때문입니다. 탐욕을 극복할 수 없다면 주식에 직접 투자하는 것보다는 우량펀드에 장기간 분산투자하는 것이 훨씬 좋습니다. 대신 하루에 몇 번씩 주가확인할 시간에 영어단어라도 하나 더 외워서 자기계발하는 게 낫겠죠?

그리고 MMF는 잔액이 얼마 안 될 경우 이자율이 낮은 편입니다. 현재로서 단기자금은 CMA로 운영하는 것이 가장 좋습니다만, 주식투자를 다시 할 것 같다면 그냥 MMF로 운영하시기 바랍니다.

4 · 보장성보험 관련

현재 가입한 보장성보험은 비교적 설계가 잘 되어 있습니다. 다만, 2~3년 뒤 결혼하면 부양할 아내와 아이들이 생기기 때문에 종신보험의 보장금액을 늘리거나 생명보험을 추가로 가입할 필요가 있습니다. 결혼할 즈음해서 종신보험 설계를 다시 한 번 받아보세요.

5 · 청약저축 관련

현재 장기주택마련저축과 보험에는 가입되어 있지만 청약저축은 없습니다. 10년 정도 지나면 우리나라 인구구조도 바뀌고 주택공급도 늘어나 주택취득이 쉬워지기는 하겠지만, 우량지역 주택취득을 위해 청약저축 가입은 꼭 필요합니다. 나중에 청약저축이 필요 없게 되면 그때 해약해도 정기예금 이자 정도는 붙으니까 저축 대용이라고 생각하세요. 지역에 따라 차이는 있지만 보통 2년 안에 300만 원 이상을 적립해야 하기 때문에 최소 월 15만 원 정도 불입하는 것이 좋습니다.

6 · 추천 재무설계안

구분	내용	월금액(원)	비율
보험	무배당 웰빙보험(상해, 질병, 교통사고)	60,000	3%
	종신보험	50,000	3%
	무배당 암보험	40,000	2%
	소계	150,000	9%
저축	정기적금	300,000	17%
	청약저축	150,000	9%
	장기주택마련저축	300,000	17%
	소계	750,000	43%
연금	변액연금(주식비중 30~40% 정도)	250,000	14%
펀드	삼성그룹주	100,000	6%
	국내주식형펀드	100,000	6%
	장기주택마련펀드(혼합형)	200,000	11%
	브릭스펀드	200,000	11%
	소계	600,000	34%
계		1,750,000	100%

3 30대 중반 맞벌이 부부 상담사례

●● 이민기, 36세, 남 ●●

두 살 된 아이를 둔 30대 중반 맞벌이 부부로 저는 자영업으로 한 달 평균 400만 원 정도, 아내는 공무원으로 220만 원 정도 벌고 있습니다.

현재 제 재산현황은 1억 원의 전세 보증금과 가게 보증금으로 1억 원, 국내주식형 펀드로 5,000만 원이 있습니다. 대출로는 가게 보증금 마련할 때 받은 은행의 마이너스대출 4,000만 원이 있습니다.

매월 제 보험료로 20만 원, 아내 보험료로 15만 원, 대출금이자로 25만 원 정도 내고 있습니다. 대출금을 갚기 위해, 몇 달 전부터 매달 100만 원씩 적금을 들고 있으며 펀드에도 50만 원씩 불입하고 있습니다. 나머지는 생활비와 양가 부모님 용돈 등으로 쓰고 있습니다.

저희 부부가 경제관념이 약해서인지 생활비가 많이 드는 편이에요. 아내는 적은 급여지만 정년이 긴 편인 반면, 저는 경기를 많이 타는 데다 좀 불확실한 면이 많습니다.

나이도 30대 중반이 됐고, 아이가 점점 커가는 것을 보니 이제라도 제대로 된 재무설계를 해야 할 것 같습니다.

걱정되는 것은 우선 아이가 크면서 육아비용과 교육비가 많이 들 텐데요. 더군다나 둘째까지 낳게 되면 더 힘들어질 것 같아요. 내 집 마련도 고민이고요. 그리고 노후준비도 지금부터 해야 하지 않을까요?

이런 것들을 생각하면 제가 얼마나 많은 돈을 모아야 하는지, 그러기 위해서 현재 소득을 어떻게 쪼개서 어떤 금융상품을 활용해야 하는지 궁금합니다. 유용한 조언 부탁드립니다.

Answer

적절한 시기에 문제점을 인식하고 재무설계를 시작하셔서 참 다행이라는 생각이 듭니다. 먼저 이민기 님의 재정상태를 분석해 보고, 목표에 따라 필요한 금액, 그리고 그 돈을 모으기 위해 어떤 금융상품을 활용하는 것이 좋은지 말씀드리겠습니다.

> 재정상태 분석 (재무상태와 수입지출 분석) → 필요자금 산정
> → 금융상품 선택 → 주기적인 재조정

1 ▶ 재무상태분석

현재 재무상태

항목		금액
자산	전세보증금	1억 원
	가게보증금	1억 원
	주식형펀드	5,000만 원
	정기적금	500만 원
	소계	2억 5,500만원
부채	은행대출	4,000만 원
순재산		2억 1,500만 원

총 2억 5,500만 원의 재산에서 은행대출 4,000만 원을 빼면 2억 1,500만 원의 순재산을 보유하고 있습니다.

여기서 한 가지 짚고 넘어갈 것은 현재 보유 중인 주식형펀드를 환매해서 은행대출을 상환하느냐 여부입니다. 주신 정보를 보면 은행대출이 마이너스대출이라고 했는데, 이자율이 CD+4% 정도는 될 겁니다. 요즘 CD금리가 4% 내외니까 대략 8~9%의 이자를 내는 셈입니다. 주식형펀드를 통해 이보다 훨씬 높은 수익률을 낼 수도 있지만 그게 그리 만만한 것이 아닙니다. 일단 펀드를 환매해서 신용대출을 모두 상환하시기 바랍니다.

현재 재무상태는 그다지 좋은 편이 아닙니다. 이제부터 제시해 드리는 재무설계를 좀 더 치열한 자세로 실행할 것을 권유합니다.

수입, 지출 현황

항목		금액
수입	남편 수입	400만 원
	아내 월급	220만 원
	소계	620만 원
저축	펀드 불입	50만 원
	적금 불입	100만 원
보험료	남편 보험	20만 원
	아내 보험	15만 원
대출이자		25만 원
월소비		410만 원

월 수입(620만 원) 대비 410만 원이면 66%를 쓰고 있는 겁니다. 소비 성향이 너무 높습니다. 가계부를 작성하고 있지 않다면 앞으로는 대략적이라도 작성해 항목별로 지출내역을 따져 보시기 바랍니다. 지출항목 분석이 선행되어야 필요 이상의 소비를 막을 수 있습니다.

특히 자영업을 하시는 분들은 경기변동에 따라 언제 수입이 줄어들지 모르기 때문에 소비를 적절하게 통제하는 습관을 들여야 합니다. 월 소비를 300만 원 미만으로 통제해야 원하는 목표를 이룰 수 있습니다.

2 · 필요자금 산정

원하시는 자녀 교육비, 노후준비, 내 집 마련을 위해 어느 정도의 돈이 필요한지 계산해 보겠습니다.

1 ▶ 교육비

교육비는 자녀 1인당으로 계산하되 대학까지 공부하고 중간에 1년 간 어학연수를 다녀오는 것으로 가정해 계산하겠습니다. 두 살 된 자녀가 필요한 시기별 교육비와 이를 위해 얼마의 돈이 필요한지 요약하면 다음과 같습니다.

교육비 스케줄

경과연수	대학 1 (17년 뒤)	대학 2 (18년 뒤)	어학연수 (19년 뒤)	대학 3 (20년 뒤)	대학 4 (21년 뒤)	합계
교육비	1,300만 원	1,300만 원	2,000만 원	1,300만 원	1,300만 원	7,200만 원
물가상승	3%	3%	3%	3%	3%	
미래가치	2,149만 원	2,213만 원	3,507만 원	2,348만 원	2,418만 원	1억 2,635만 원
투자수익률	5%	5%	5%	5%	5%	
현재가치	937만 원	920만 원	1,388만 원	885만 원	868만 원	4,998만 원

현재 대학의 1년 등록금은 800~900만 원 수준이며 최소 필요한 1년 용돈은 400~500만 원 수준이므로 연간 교육비를 1,300만 원으로 책정했고, 어학연수 비용은 2,000만 원으로 잡았습니다. 총 7,200만 원이 필요한 셈이죠.

① 현재 교육비가 있는 경우: 4,998만 원 필요

현재 1,300만 원은 물가가 매년 3%씩 오르면 17년 뒤 2,149만 원이 됩니다. 17년 뒤 필요한 2,149만 원을 만들기 위해서는 지금부터 937만 원을 17년간 5%로 투자하면 됩니다.

대학 1학년부터 4학년까지 필요한 총 미래의 금액은 1억 2,635만 원이고, 이 자금을 마련하기 위해서는 현재 목돈 4,998만 원을 5%로 21년간 투자하면 되는 것이죠.

② 현재 교육비가 없는 경우, 20년간 월 적립액: 월 30만 원

만약 지금 당장 아이들을 위한 돈이 전혀 없다면 자녀가 대학에 입학할 때까지 지금부터 17년간 돈을 모으면 됩니다. 그러면 매월 얼마나 모으면 될까요?

미래필요액	투자수익률	투자기간	월 적립액
1억 2,635만 원	5%	17년	30만 원

지금부터 17년간 매년 5%의 수익률을 달성할 수 있도록 2개 정도의 금융상품을 골라, 여기에 15만 원씩, 매월 총 30만 원을 불입하면 됩니다. 설명드린 것의 기준은 자녀 1명을 가정한 것이므로, 2명이면 매월 60만 원의 저축이 필요합니다. 투자수익률이 5%보다 높다면 더 적은 금액을 넣어도 되겠죠.

2 ▶ 노후준비

노후자금은 노후에 생활비를 얼마나 쓰느냐에 따라 달라지기 때문에 먼저 노후생활비에 대한 가정이 필요합니다.

가계부를 직접 써 봤다면 알겠지만 자녀들을 모두 출가시키고 자기

집에 살더라도, 월 200만 원은 가져야 어느 정도 생활이 가능합니다. 물론 300만 원 이상이면 좀 더 여유로운 생활이 가능하겠죠?

이민기 님의 경우는 아내 분이 공무원이기 때문에 20년 이상 근무하면 대략 150~200만 원의 연금수령이 가능합니다. 다른 사람들보다 노후준비에 있어서는 아주 유리한 상황입니다.

20년 정도 국민연금을 불입하면 노후에 매달 50만 원 정도 연금이 지급되기 때문에 이민기 님과 아내 분의 총 연금이 대략 200만 원 정도 될 걸로 예상됩니다. 이것만으로도 기본적인 생활은 가능합니다. 추가로 100만 원 정도만 더 받을 수 있도록 준비하면, 노후에 어느 정도 여유 있는 생활이 가능할 것으로 보입니다.

그럼 노후에 연금 이외에 현재가치로 월 100만 원을 생활비로 더 쓰기 위해서 은퇴하는 시점에 얼마의 돈이 필요하며, 그 돈을 모으기 위해 지금부터 매월 얼마나 모아야 할지 계산해 보겠습니다.

월 노후준비 금액

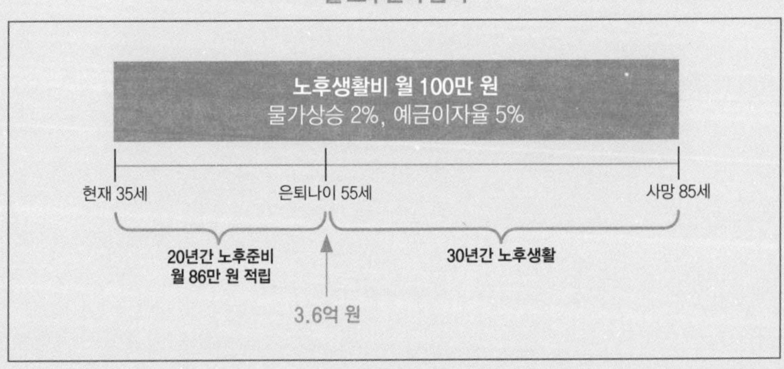

현재 35세이고, 55세에 은퇴한다고 가정하겠습니다. 물가는 매년 2%씩 상승하고, 은퇴할 때까지 20년간 연 5% 수익률로 적립한다고 가정해 보죠. 은퇴 후 현재가치로 100만 원의 생활비를 추가로 쓰려면 55세 은퇴시점에 3억 6,000만 원이 있어야 합니다. 매달 현재가치 100만 원만큼의 돈을 계속 쓰면 사망시점에 돈이 모두 없어지는 거죠.

은퇴시점에 3억 6,000만 원을 모으기 위해 지금부터 20년간 매월 얼마씩 적립해야 할까요?

월 86만 원씩 불입해야 합니다.

이민기 님의 경우는 아내 분이 수령할 공무원연금이 노후생활에 큰 기여를 합니다. 아내가 근속연수 20년을 채울 수 있도록 내조를 잘 하시기 바랍니다.

3 ▶ 내 집 마련

다음으로 내 집 마련에 대해 알아보겠습니다. 사는 지역이나 취득하려는 아파트 규모에 따라 다르겠지만 아파트 가격을 5억 원으로 가정하겠습니다. 5억 원 중 1억 5,000만 원 정도 대출을 받는다고 생각하면 앞으로 모아야 할 돈은 3억 5,000만 원입니다.

1억 5,000만 원의 대출금을 20년간 원리금 상환하려면 대략 월 120

만 원 정도가 필요합니다. 적절 대출규모는 소득의 20~30% 미만입니다. 이민기 님의 부부소득이 600만 원이고, 그 돈의 25%가 150만 원이니 월 120만 원 정도의 원리금 상환은 아주 무리한 대출 수준은 아니라고 판단됩니다.

1억 5,000만 원을 대출받아도 3억 5,000만 원이 더 필요하죠. 현재 전세금 1억 원이 있으니 추가로 2억 5,000만 원을 더 모아야 합니다. 앞으로 10년 후 집을 산다고 가정할 때 원금기준으로 매년 2,500만 원을 모아야 하는 거죠.

그럼 투자수익률 5%를 가정하고 집값이 매년 물가상승률 2% 만큼 오른다고 할 때 10년 뒤 2억 5,000만 원을 모으기 위해 매월 얼마씩 모아야 할지 계산해 보겠습니다.

10년 뒤 집값	5억 원		매월적립액	150만 원
현재 전세금	−1억 원	➡	투자수익률	5%
대출받을 금액	−1억 5,000만 원		투자기간	10년
필요한 금액	2억 5,000만 원		미래가치	2억 5,000만 원

'월 적립액 150만 원'

매월 150만 원을 5% 수익률로 적립해야 10년 뒤 2억 5,000만 원을 모을 수 있는 것입니다. 월 150만 원이면 결코 적은 금액이 아니죠? 그래서 지금보다는 좀 더 치열한 자세로 노후준비와 내 집 마련을 위해 노력해야 합니다.

한 가지 유념할 점은 앞으로 10년 뒤에는 아주 인기가 많은 일부 지역을 빼고는 아파트값이 내릴 확률이 더 많다는 겁니다. 이민기 님이 태어날 때만 해도 해마다 70만 명이 넘는 아이들이 태어났지만 2008년에는 37%가 줄어든 44만 명이 태어났습니다.

아파트를 취득하는 30~50대 연령층이 앞으로 10년만 지나면 지금보다 30% 이상 줄어듭니다. 그에 반해 아파트는 해마다 공급되고 있죠. 이미 2008년 수도권의 주택보급률은 100%에 근접했기 때문에 2020년 이후 우리나라 주택시장은 수요에 비해 공급이 더 많은 약세시장으로 돌아설 가능성이 높습니다.

그렇다고 내 집을 마련하지 말라는 것은 아닙니다. 주택은 투자의 개념도 있지만 거주의 개념도 강하기 때문에 예쁘게 꾸민 내 집에서 이사 걱정 없이 살면서 느끼는 행복감은 돈으로 계산하기 어려운 귀중한 것이니까요.

다만, 주택에 대한 관점을 지금까지처럼 너무 투자의 관점에서만 바라보면 곤란하다는 말씀을 드리고 싶네요. 투자보다는 거주에 더 높은 비중을 두고 차근히 집을 마련하시기 바랍니다.

이민기 님은 아직 주택청약저축에 가입하지 않은 것으로 보입니다. 가입 후 2년이 지나야 1순위 청약자격이 주어지므로 당장 청약저축부터 가입해서 매달 20만 원 정도씩 불입하시기 바랍니다.

3 ▶ 보장성보험 관련

보통 수입의 5~7% 수준으로 보장성보험에 가입하는 것이 적정수준입니다. 월 수입 620만 원이면 35~40만 원 정도 보험료가 적정수준입니다. 이민기 님과 아내 분의 보험료가 총 35만 원이니 어느 정도 필요한 보장성보험은 가입한 것으로 보입니다. 추가로 자녀의 암보험이나 건강보험도 알아보신 후에 가입하시기 바랍니다.

가끔 내가 죽으면 그만이지 왜 보험을 드냐고 비아냥거리는 사람들도 있지만 이는 참으로 무책임한 태도입니다. 남아 있을 가족을 위해 질병과 사망에 대비한 보험을 꼭 들어야 합니다.

4 · 활용 가능한 금융상품

이민기 님이 활용 가능한 금융상품은 크게 은행, 증권사, 보험사의 상품으로 구분됩니다.

보장성보험과 연금상품은 보험사의 상품을 이용하는 것이 가장 유리합니다. 안정적으로 적립할 부분은 은행이나 저축은행의 예적금, 투자상품으로는 은행이나 증권사의 펀드상품이 가장 무난하고요.

예적금 같은 안정상품과 펀드 같은 위험상품의 비율은 50 : 50을 기준으로 심적 부담을 느끼지 않는 범위 내에서 펀드 비율을 어느 정도 높이셔도 됩니다.

은행의 예적금 상품으로는 일반 예적금, 장기주택마련저축, 청약저축이 있습니다. 펀드에는 주식형, 혼합형, 채권형이 있으며 지역적으로도 국내, 해외로 나뉩니다. 공격적인 지역에 해당하는 브릭스, 차이나펀드도 있습니다. 보통은 국내주식형, 국내혼합형, 브릭스형에 1/3씩 가입하는 것이 일반적입니다.

5 · 추천 재무설계안

구분	내용	월금액(원)	비율
보험	암보험, 건강보험, 종신보험 등	400,000	11%
교육비 마련	정기적금	300,000	8%
	펀드(여러 개 펀드에 포트폴리오 투자)	300,000	8%
	소계	1,000,000	27%
연금	일반연금	400,000	11%
	변액연금(주식비중 너무 높지 않게 설계)	460,000	12%
	소계	860,000	23%
내 집 마련	정기적금	700,000	19%
	청약저축	200,000	5%
	펀드(여러 개 펀드에 포트폴리오 투자)	600,000	16%
	소계	1,500,000	40%
계		3,760,000	100%

소비습관을 고치지 않은 상태에서 추천 재무설계안처럼 실행하려면 돈을 쓰지 못해 상당히 답답할 겁니다. 하지만 더 나은 미래를 위해 추천해 드린 재무설계안을 목표로 서서히 저축액을 늘려 가시기 바랍니다.

4 40대 중반 외벌이 부부의 상담사례

●● 박준영, 45세, 남 ●●

여러 가지로 고민이 많은 40대 중반의 회사원입니다.

앞으로 10년 정도면 지금 다니는 회사를 그만둬야 할 것 같은데 막상 통장을 들여다 보니 생각보다 모인 돈이 많지 않네요.

저의 재정상태와 수입, 지출 내역입니다. 남은 10년간 어떻게 준비해야 아이들 교육시키고, 어느 정도 안정적인 노후를 보낼 수 있을지 조언해 주시기 바랍니다.

참고로 아이들은 중학교 2학년과 초등학교 4학년입니다.

● 일반적 재정상태

· 주택: 자가 35평 아파트 소유(2억 5,000만 원)

· 예적금: 1,300만 원

· 개인연금: 가입한 지 1년 정도 되어 정확한 금액을 모름

· 대출금: 아파트 담보대출 5,000만 원

● 수입현황

· 기본급: 세후 월 450만 원

· 상여금: 1,500~2,000만 원(매년 3월 수령)

● 월 지출

· 생활비: 190만 원

· 개인연금: 30만 원

· 보험료: 30만 원(암보험, 상해보험, 종신보험)

· 청약저축: 10만 원

· 교육비: 150만 원

· 부모님 용돈: 40만 원

● 기타사항

· 현재 예적금 1,300만 원은 어디에 투자할지 몰라 그냥 MMF에 넣어둔 상태입니다. 이러다 지난번처럼 모인 돈으로 여행가거나 차 바꾸는 데 쓸까 걱정입니다. 지금 타는 차가 5년쯤 된 거라 바꿀까 말까 고민하고 있거든요.

· 최근에 집을 옮겼는데 만족합니다. 특별한 일만 없으면 집을 옮길 계획은 없습니다. 청약저축을 해약할까 생각 중입니다.

· 자녀 교육비는 회사에서 지원되므로 퇴직 시까지 10년간은 어느 정도 여유가 있는 상태입니다. 그 후가 문제겠지요.

● 질문사항

· MMF에 있는 1,300만 원을 어디에 투자하는 것이 좋을까요?

· 매월 60만 원 정도의 여유자금을 펀드나 적금에 불입하고 싶은데 좋은 금융상품을 추천해 주세요. 수수료가 적으면서, 많이 신경 쓰지 않아도 되는 것이면 좋겠습니다. 어느 정도는 고위험 상품도 괜찮습니다.

· 매년 발생하는 보너스를 어떻게 하면 좋을까요?

· 대략 계산해 보니 지금 상태로라면 노후준비가 많이 부족한 듯합니다. 돈을 좀 더 모아서 주식이나 부동산에 투자하는 것은 어떨까요?

· 매달 남는 여유자금을 MMF 통장과 생활비 통장(저축예금)에 나누어서 관리하고 있는데 CMA 통장으로 바꾸는 것은 어떨지요?

Answer

월 수입과 그동안 모은 돈을 고려해 볼 때 나름 열심히 준비한 흔적이 보입니다. 하지만 몇 가지 부족한 부분을 말씀드리겠습니다. 지금부터 말씀드리는 사항을 명심하시고 앞으로 남은 10년간 치열하게 실행하시기 바랍니다.

1 · 노후준비 관련

노후준비가 너무 부족한 상태입니다. 1년 전에 가입해 매월 30만 원씩 불입하는 개인연금이 전부라니 이 상태라면 10년 뒤 은퇴했을 때 노후자금이 턱없이 부족합니다. 지출을 줄이고 10년간 연금불입액을 늘려 노후준비에 최선을 다해야 합니다.

퇴직 후 국민연금에서 월 50만 원 정도는 지급된다고 하더라도 현재 가치로 생활비 150만 원 정도를 쓰려면 퇴직할 때 통장에 최소 3억 5,000만 원은 있어야 합니다.

퇴직 시에 1억 5,000만 원을 받는다고 가정해도 2억 원이 부족합니다. 나중에 주택을 담보로 제공하고 주택연금을 받을 수도 있겠지만 가능하면 지금이라도 노후자금을 마련하는 것이 좋겠죠?

10년간 6%의 수익률로 2억 원을 마련하려면 매월 120만 원 정도는 모아야 합니다. 현재는 월 저축액이 연금 30만 원과 청약저축 10만 원으로 총 40만 원밖에 안 되기 때문에 많이 부족합니다. 매년 3월에 받는 상여금 중 최소한 1,000만 원은 노후준비에 투자해야 합니다.

연금에는 은행, 증권, 보험사의 상품이 있지만 박준영 님처럼 은퇴가 얼마 남지 않았고, 적어도 연 6%의 수익률이 필요한 경우에는 수익률이 낮은 은행의 일반연금상품은 적합하지 않습니다.

어느 정도 주식비중이 있는 연금상품에 10년간 꾸준히 불입해야 하므로, 증권사의 혼합형 연금펀드나 보험사의 변액연금 중에서 너무 공격적이지 않은 것으로 선택하시기 바랍니다.

2 · 소비관련

중학생과 초등학생 자녀를 고려할 때 월 150만 원의 교육비는 너무 높은 수준입니다. 우리나라 부모님들이 대체적으로 아이들 사교육비로 많은 돈을 지출하고 있는데, 그 실상을 분석해 보면 아이들 성적향상에 효과적이지 못한 경우가 많습니다. 자녀 분들이 수강 중인 학원의 교육내용을 잘 분석해 보시고 불필요한 학원은 끊기를 권고합니다. 학원을 많이 보낸다고 아이들이 이를 모두 소화하는 것은 절대 아닙니다. 학원에 다녀오면 꼭 숙제를 챙겨 주시고, 아이들이 내용을 얼마나 소화하는지 체크해 보시기 바랍니다.

말씀하신 내용을 보면, 돈이 좀 모이면 차를 바꾸거나 여행을 다니는 등 여유로운 생활을 즐기시는 성향이 보입니다. 물론, 적당선을 유지하면 괜찮습니다. 그러나 과소비하지는 마십시오. 지금 당장의 윤택함도 좋지만 10년 뒤의 안정적인 생활이 더 중요합니다. 요즘 자동차는 5년 정도면 꽤 쓸만합니다. 차에 특별한 문제가 없다면 10년을 채워 운행하시길 바랍니다.

3 · 목돈 마련 관련

박준영 님의 투자스타일은 묻어두고 크게 신경 쓰지 않고 싶은 스타일인 것으로 보입니다. 이런 경우 실물주식투자는 어울리지 않습니다. 매월 여유자금 중 40%는 적금, 60%는 펀드에 불입하시기 바랍니다. 여유자금이 많다면 적금 비율을 높이는 것이 좋지만 지금 경우에는 펀드 비율을 좀 더 높이는 것이 좋겠습니다.

안정적인 펀드 중에서 3~4개 골라 매월 또는 분기별로 꾸준히 적립하시기를 권합니다. 국내주식형, 국내혼합형, 브릭스형에 1/3씩 가입하는 것이 가장 일반적입니다. 주식형, 혼합형, 브릭스형 중 규모도 좀 크고, 안정적인 수익률을 내고 있는 인기 펀드를 추천받으세요. 주식시장이 좋을 때는 몇 개월 만에 엄청난 수익률이 나기도 하고, 주식시장이 폭락할 때는 겁이 날 정도의 손실이 나기도 하지만 10년을 묻어둔다면 은행 이자의 2~3배 수익이 날 가능성이 충분히 높습니다. 단, 매번 펀드 수익률을 체크하지 마시고 분기별 또는 반기별 정도로 확인하며 편안한 마음으로 기다리세요.

부동산투자에 대해서도 질문하셨는데 솔직히 2007년 이후 마땅한 부동산투자처는 그리 많지 않습니다. 더군다나 1억 원 미만의 돈으로 투자할 만한 부동산은 거의 없고요. 예적금과 펀드에 꾸준히 불입하는 것이 현명할 듯합니다.

4 · 단기자금 운용 관련

MMF에 있는 1,300만 원 중 500만 원 정도만 정기예금에 불입하고 나머지는 펀드에 골고루 불입하세요. 그리고 지금 거주 중인 집에 만족하신다면 불입 중인 청약저축은 해약해서 노후준비를 위한 연금이나 펀드에 불입하는 것이 좋겠습니다.

MMF의 경우는 적립금액이 적을 경우 이자율이 높지 않으니, CMA 통장이나 이자율이 높은 급여용 통장을 개설하시는 것이 좋습니다.

목적별 돈 관리 시스템 활용법

지금까지 여러분은 3개의 보물, 즉 보장자산, 은퇴자산, 투자자산의 종류와 특성, 가입방법에 대해 구체적으로 살펴보았다. 또한 부록 1의 세대별 상담사례를 통해 20~40대의 대표적 재무설계사례도 살펴보았다.

이제 마지막으로 '목적별 돈 관리 시스템'이라는 엑셀프로그램을 이용해 각자의 재무설계를 수행하고자 한다.

프로그램은 출판사 홈페이지 및 공식카페에서 다운로드하여 사용할 수 있다.

·다산북스 홈페이지: www.dasanbooks.com

·굿앤웰스 공식카페: cafe.naver.com/goodnwealth

'목적별 돈 관리 시스템'은 총 4개의 시트로 구성되어 있으며, 첫 번째 정보입력 시트에 수입, 지출, 저축현황을 입력하면 나머지 3개의 시트에서 소비성향, 3개의 보물 마련 정도에 대한 진단결과를 볼 수 있다.

1 · 수입, 지출, 저축현황 입력

입력 시트에 수입, 지출, 저축현황을 입력할 때는 월 평균금액을 입력한다. 노란색으로 표시된 부분에만 숫자를 입력하면 된다.

수입은 소득세, 건강보험, 국민연금 등을 납부한 후의 금액(세후 월급)이며, '수입=지출＋저축'이 되도록 입력해야 한다.

만약 수입보다 많은 지출을 입력하면, 즉 (−) 금액을 입력하면 '목적별 돈 관리 시스템'은 이를 분석하지 않는다. (−) 경제생활이라면 분석 이전에 무조건 지출을 줄여야 하기 때문이다.

2 · 진단결과 출력

진단결과는 총 3개의 시트로 구성되어 있다. 종합진단결과, 소비성향분석표, 3개의 보물 점검표이다.

종합진단결과 시트에는 진단결과와 진단결과 해석 시 주의사항, 그리고 진단결과 활용법에 대한 설명이 출력된다.

소비성향분석표는 세후 월 수입이 3개의 보물과 소비에 어떻게 흘러들어 가는지 보여준다. 그 다음으로 각 소비항목별로 현재 소비수준이 적정한지, 아니면 과소비인지 여부의 분석내용이 나타난다.

마지막으로 3개의 보물 점검표는 현재 월 수입을 고려할 때 보장자산, 은퇴자산, 투자자산의 월 불입액이 적절한지에 대해 알려준다.

3 · '3개의 보물' 마련 비율

자기 수입 중 어느 정도를 3개의 보물 마련을 위해 적립해야 할까? 지금까지 설명한 내용을 요약하면 다음과 같다. '목적별 돈 관리 시스템'은 아래 기준을 이용해 여러분의 3개의 보물 준비 정도를 진단한다.

구분	수입대비 최소 적립비율
보장자산	5~7%
은퇴자산	15% 내외
투자자산	10% 내외
계	30% 내외

'목적별 돈 관리 시스템'을 이용해 분기 또는 반기별로 지속적으로 분석하기를 권한다. 진단결과가 모든 항목에서 합격점을 받을 때까지 지출항목과 3개의 보물을 점검하기 바란다.

젊어 고생을 사서도 하게 만드는 3개의 보물

3개의 보물.

필자가 그동안 수많은 강연에서 3개의 보물이 얼마나 중요한지 강조하면 끝날 때쯤 자주 받는 질문이 있었다.

"누가 그걸 모르나요? 아는데도 잘 안 되니까 더 힘들고 답답해요."

돈만 충분히 있다면 벌써 3개의 보물을 마련했을 거라는 뜻이다.

정말 그럴까? 주변을 살펴보면 돈이 없다고 말하면서도 정작 쓸 건 다 쓰고 사는 사람들이 너무도 많다. 2,500cc 승용차에, 한 달에 한두 번씩 주말에 골프도 치러가고, 아이들을 비싼 학원 여러 곳에 보내고, 외식도 자주한다. 그뿐이 아니다. 아내 모르게 딴 주머니를 찬 뒤 친구들과 거하게 술도 마시고 결국은 다음 날 후회하는 일도 부지기수다.

필자가 보기에는 3개의 보물을 마련할 돈이 없는 것이 아니라, 3

개의 보물이 얼마나 중요한지 알지 못하기 때문에 합리적으로 소비할 의지가 부족한 것 같다.

이제 우리에게 주어진 시간이 그리 많지 않다. '은퇴'라는 사회적 재앙이 시시각각 다가오고 있기 때문이다.

상상해 보라. 이 책을 읽고 있는 당신이 회사를 그만두고 나면 무슨 돈으로 어떻게 먹고살 것인가?

'설마 어디 나 하나 일할 자리 없겠어?', '정 안 되면 식당이나 치킨집 하나 차리면 되지?'

어쩌면 은퇴 후 문제를 이렇게 가볍게 생각하며 스스로 위안하고 있는지도 모른다. 그렇다면 그건 정말 대단한 착각이다.

매년 서울시를 비롯한 각 지방자치단체들이 노인 취업박람회를 개최한다. 하지만 거기서 일자리를 얻는 노인들은 중소기업이 써먹을 만한 경험을 가진 일부 노인들뿐이다. 퇴직 후에 많은 사람이 식당을 개업하지만 1년을 넘게 버틴 식당은 10개 중 1개밖에 되지 않는다.

회사에 출근할 때, 종로 인근을 지난다면 주변을 잘 둘러보기 바란다. 얼마나 많은 노인들이 허접스러운 옷을 입고 초라하게 길거리를 지나고 있는지를…….

세상에 어느 누구도 나와 내 가족을 책임지지 않는다. 결국, 내가 얼마나 열심히 준비하느냐에 따라 나와 내 가족의 미래가 보장되는 것이다.

어려운 경제에 힘들어하는 사람들이 많다. 아직 일자리를 찾아 헤매는 사람도 있고, 늘 제자리인 통장에 막막해하는 사람도 있다. 무작정 따라한 투자에 가슴이 내려앉은 사람도 있을 것이다.

그렇다고 현실에 너무 낙담할 필요는 없다. 이제 우리나라도 어느 정도 먹고살 만큼 발전했기에 치열한 자세로 열심히 준비한다면 얼마든지 풍요로운 삶을 살 수 있다.

눈 딱 감고 필자가 말한 3개의 보물을 마련하기 위해 10년만 노력해 보기 바란다. 10년 정도 지나고 나면 3개의 보물이 얼마나 불어나 있는지, 은퇴할 때쯤이면 얼마로 불어날지를 알 수 있다. 그 정도 되면 여러분은 더 이상 돈 때문에 걱정하지 않게 된다. 어느 정도 기반이 잡히고 나면 그저 열심히 살기만 하면 되기 때문이다.

속는 셈치고 지금까지 필자가 말한 내용을 10년만 꾸준하게 실행한다면, 분명 돈으로부터 해방된 진정 행복한 삶의 의미를 알게 될 것이다.

마지막으로 감사의 말로 책을 마치려 한다.

먼저 《돈 걱정 없는 노후 30년》이라는 책을 통해 작가의 길을 알게 해 주시고, 이렇게 《3개의 보물》이 책으로 출판될 수 있게 도와주신 다산북스의 김선식 대표님과 직원 여러분께 진심으로 감사드린다.

또한 힘들 때마다 필자에게 큰 힘을 주는 딸 지은, 아들 준이와 필자로 인해 마음의 상처가 많은 아내 주영에게 고마움과 미안한 마음을 전한다.

　무엇보다 이렇게 책을 쓸 수 있는 열심과 능력을 주시며 늘 삶을 주관하시는 하나님께 감사드린다.

평범한 사람들을 위한 평생 수입 자동관리 시스템

3개의 보물

초판 1쇄 인쇄 2010년 4월 2일
초판 1쇄 발행 2010년 4월 9일

지은이 정성진
펴낸이 김선식
펴낸곳 다산북스
출판등록 2005년 12월 23일 제313-2005-00277호

PD 강선애
굿앤웰스 임영묵, 김다우, 강선애
저작권팀 이정순, 김미영
마케팅본부 민혜영, 이도은, 신현숙, 김하늘, 박고운, 권두리
홍보팀 서선행, 정미진
광고팀 한보라, 박혜원
온라인마케팅팀 하미연, 이소중
디자인본부 최부돈, 손지영, 황정민, 조혜상, 김태수, 김희준
경영지원팀 김성자, 김미현, 유진희, 김유미, 정연주
미주사업팀 우재오, Erick R. Zimmerman
외부스태프 표지·본문 디자인·그림 공 존

주소 서울시 마포구 서교동 395-27
전화 02-702-1724(기획편집) 02-703-1725(마케팅) 02-704-1724(경영지원)
팩스 02-703-2219
이메일 dasanbooks@hanmail.net
홈페이지 www.dasanbooks.com

필름 출력 스크린그래픽센타
종이 한서지엽사
인쇄·제본 (주)현문

ISBN 978-89-6370-123-3 03320

· 책값은 표지 뒤쪽에 있습니다.
· 파본은 본사와 구입하신 서점에서 교환해드립니다.
· 이 책은 저작권법에 의하여 보호를 받는 저작물이므로 무단 전재와 복제를 금합니다.